DEDICATÓRIA

Dedico este livro a todos os candidatos e eleitores que trabalham diariamente para impactar e transformar positivamente nosso país por meio de suas atitudes e compromissos.

AGRADECIMENTOS

Desejo expressar minha profunda gratidão às muitas pessoas com quem trabalhei no desenvolvimento das ideais apresentadas neste livro e pelo apoio de que precisei.

A Mafalda Oliveira Rodrigues, minha mulher, com a disposição de tolerar frequentes ausências, muitos fins de semana e muitas horas concentrado diante do meu computador constituem uma pequena parcela de gratidão e amor.

Ao Marcos Roberto Oliveira Rodrigues, meu filho, meus netos Matheus, Vitoria e Murilo Rodrigues, por serem a promessa de excelentes coisas por vir.

Aos meus pais Carlos Cordones de Rodrigues e Célia Pires de Rodrigues (em memória) sempre no meu coração.

Aos meus estimados irmãos, Cleci Pires de Rodrigues, Clarice Pires de Rodrigues (em memória), Carlos Alberto Pires Rodrigues (em memória), Genário Pires Rodrigues, Claudio Pires Rodrigues, Sandra Pires Rodrigues, Vera Maria Pires Rodrigues, Ronaldo Pires Rodrigues e a todos de minha família.

E aos muitos que colaboraram com esse livro e, se o livro tem algum mérito, ele a todos pertence.

O meu muito obrigado a todos vocês.

Prefácio

A Verdadeira Realidade

Nas últimas décadas, percebe-se no cenário político é muito difundido entre os cidadãos, mas a uma falta de interesse nos eleitores e consequentemente os votos ficam comprometidos, pois o distanciamento dos eleitores das urnas só não é maior porque o voto é obrigatório. O candidato será forçado a repensar seus modelos, pois os métodos tradicionais de fazer política não conseguem atender necessidades dos eleitores. Nos dias de hoje, os diferentes usos dessas mídias sociais e tecnologias se confundem e passam a ser característicos das tecnologias e de Comunicação. Criando-se um tipo de eleitor que necessita de um novo tipo de candidato. Os textos são competentes e bem elaborados para este livro e revelam a importância da aplicação das novas estratégias, táticas e metodologias com objetivo de promover no candidato uma concepção mais reflexiva e crítica em que as suas habilidades e competências desenvolvidas para que este encontre soluções adequadas para os problemas vivenciados pelos eleitores.

Motivar sua Equipe Eleitoral e Política

Gerenciar pessoas requer algumas habilidades que podem ser desenvolvidas através de técnicas e treinamento. Embora pessoas diferentes possam ser motivadas de formas diferentes, existem algumas regras práticas. Conhecendo algumas maneiras de motivar sua equipe para desenvolver o que cada um tem de melhor, quem ganha é a sua campanha eleitoral. Apresentação de dicas e conselhos práticos sobre como identificar, avaliar e melhorar os fatores do sucesso para você e para sua campanha, usando conceitos e técnicas de motivação.

MARKETING PESSOAL

Especificamente, trata de melhorar sua imagem, desenvolvendo importantes habilidades de percepção, convívio social e profissional, liderança e carisma. Trabalhar o marketing pessoal é adquirir um diferencial considerável em relação à concorrência. O candidato sempre deve melhorar sua imagem e adquirirá habilidades de liderança, percepção, convívio social, entre outras.

ADMINISTRAÇÃO EFICAZ DO TEMPO

Saiba administrar o seu tempo, a ponto de poder usá-lo como um aliado e não como inimigo. Esta é uma das habilidades que os candidatos mais valorizam e que você pode aplicar imediatamente tanto em sua vida profissional como pessoal. Afinal, todos sabem que o Tempo nos períodos de campanha é um recurso não renovável e que ele não volta. Mas é possível fazê-lo render muito mais. A administração do tempo nas atividades de campanha vem ganhando espaço e se impõe como prática perfeitamente viável, que proporciona ao candidato mais dinamismo.

TORNE-SE UM LÍDER

Uma pessoa que mostra qualidades de um verdadeiro líder não tem dificuldade alguma em obter apoio eficiente. Os outros têm todo o prazer em segui-lo, sem sequer pensarem nisso. Esta é uma das características do verdadeiro poder pessoal. Esta é a sua oportunidade de desenvolver as habilidades necessárias ao processo de liderança: como ousadia, sensatez, decisão rápida e acertada, vencer obstáculos e tornar o ambiente agradável e produtivo. Usando suas habilidades pessoais aliadas às boas técnicas de negociação, além de ser tornar um bom líder, você será capaz de se transformar em um candidato de resultados.

DECIFRAR ELEITORES

Entender os eleitores sempre foi um dos maiores desafios da vida de um político e nas mudanças políticas e sociais dos últimos tempos tornam isso mais difícil ainda. As habilidades de perceber eleitores que lhe parecem inatingíveis se tornarão automáticas, depois de um pouco de prática. Decifrar as pessoas não é um dom nato, é uma ciência. É uma questão de saber o que olhar e ouvir, de ter a curiosidade e a paciência para reunir as informações necessárias. Saber como reconhecer os padrões na aparência, na linguagem corporal, na voz e na conduta de cada eleitor.

Arrecadação, Recursos e Prestação

Você sabe como arrecadar fundos e recursos para uma campanha eleitoral? Esta tem sido uma das dúvidas mais frequentes se não a maior dúvida por parte de candidatos e coordenadores de campanhas. Tem sido também, um dos temas mais delicados e mal trabalhados em campanhas eleitorais, comprometendo, assim, várias candidaturas que tinham tudo para serem vitoriosas. Estes assuntos são, sem dúvida, importantíssimos em todas as fases de uma candidatura, ou seja, do período de pré-projeto até o momento da prestação das contas eleitorais. A falta de conhecimento pode levar ao insucesso ou, até mesmo, à impugnação das contas eleitorais por não terem sido feitas corretamente: a arrecadação, aplicação dos recursos e prestação de contas como a legislação determina. Não corra o risco de faltar dinheiro na sua campanha por desconhecimento das várias formas legais para captação de recursos.

O Fim às Velhas Ideias

Quando os ventos de mudança sopram, umas pessoas levantam barreiras, outras constroem moinhos de vento.[1]

As novas formas das campanhas eleitorais como o Marketing Político nas Mídias Sociais é uma vertente atual, a arte das Campanhas Eleitorais Digitais e as

---

[1] Tempo e o Vento – Érico Veríssimo

Tecnologias Inovadoras nas Campanhas Eleitorais. Essa é a proposta deste livro que abre os pensamentos para novas estratégias e táticas. Vivemos em um tempo de grandes mudanças, com velocidade estonteante, e temos presenciado a alteração de cenários, ações e atores quase que na sua completude.

Estratégias Inovadoras e atualizadas nas diversas áreas das campanhas eleitorais, mas quando olhamos para a política atual, temos a insatisfação de estarmos vivenciando toda essa corrupção e notamos que pouco ou nada mudou de significativo nos espaços políticos. As novas tecnologias introduziram nas campanhas eleitorais um aparato tecnológico que aparenta dar um ar de modernidade.

Esta é a questão que permeia este livro, a reflexão técnico-teórica ou a vivência de experiências gastando a sola do sapato e utilizando toda a minha formação acadêmica. A campanha política existe para propor experiências que alterem o comportamento do futuro candidato e do eleitor. Eles devem estar prontos para participar deste processo e, principalmente, desejar embarcar na nave do conhecimento.

PRECISAMOS DE NOVAS ESCOLHAS

Que equilibrem as necessidades das pessoas e da sociedade como um todo, novas ideias com os desafios de saúde, pobreza, segurança e educação; novas estratégias que resultem em diferença que impostam e um senso de proposito que inclua toda a comunidade. Precisamos de uma abordagem à inovação que seja poderosa, eficaz e amplamente acessível, que possa ser integrada a todos os aspectos da campanha eleitoral e dos eleitores.

A Oportunidade é Agora

A diferença é que, antes, isso era opcional, um diferencial. Em tempos de pandemia, é preciso ter coragem de romper com o que não nos serve mais. Quando tudo isso passar, o que você terá mudado, de fato, na forma como faz as coisas. É hora de mapear para onde o mundo está indo e seguir esses novos caminhos.

INTRODUÇÃO

O interesse para o entendimento do comportamento das pessoas e dos grupos, como, por exemplo, as formas de participação política, o processo decisório do voto e a utilização das novas tecnologias de comunicação na formação e difusão do pensamento político.

O marketing político surgiu em 1952 e pode ser definido como um conjunto de técnicas e procedimentos cujo objetivo é avaliar aspectos psicológicos do eleitorado, visando embasar estratégias para aumentar a aceitação do candidato junto à população. O quadro atual ainda mostra um distanciamento significativo entre a Ciência Política e o Marketing Político. Ambos parecem estar em posições opostas. De um lado, os adeptos do Marketing Político defendem que a escolha eleitoral cada vez mais se distancia do plano racional e, sendo assim, afirmam que questões acadêmicas sobre Ciência Política são pouco pragmáticas no sentido de permitir uma atuação mais direta no processo político.

O marketing político nas mídias sociais parte do pressuposto da criação de um relacionamento mais próximo entre o candidato e seu eleitorado, já que é essencialmente um marketing de relacionamento. É essa a ideia das redes sociais, criar um canal rápido, fácil e barato para que o candidato possa dialogar com os eleitores e eles com os candidatos que resultará em significativos avanços para a sociedade.

A ansiedade dos candidatos é algo que ficou claro no início do meu trabalho. Todos querem vencer e inovar, buscam soluções rápidas. Existe uma grande confusão entre o que faz uma campanha parecer mais inovadora e o que realmente traz inovação a campanha. É fácil se perder entre as duas coisas quando estamos em busca de respostas.

Constato que as estratégias, táticas e métodos é vantajoso virtualmente nas campanhas de 2020, seja entre sua equipe de trabalho e administração de sua campanha ou entre eleito e eleitor.

Espero que aprecie a leitura do Inovação da Campanha Política. Mais ainda, desejo que aplique e use o que apreender neste livro, e que seja importante na campanha eleitoral e na satisfação em sua vida e no dos eleitores com que você pedirá o voto.

Vai Estourar no Marketing Político

Nunca passamos tanto tempo diante de telas. Se essa frase já definia nossa vida nos últimos anos, ela se tornou ainda mais verdadeira com o isolamento social imposto pela pandemia causada pelo novo coronavírus. O encontro social, o ensino e a reunião de família, na Internet. Se nada mais será como antes, por que ainda fazemos propaganda política à moda antiga? As comunidades no Facebook, Instagram, Twitter, etc. são tão poderosas quanto corporações globais. A pandemia acelerou um processo que já vinha acontecendo desde a chegada dos smartphones. Não sei se você percebeu, mas nos primeiros meses de quarentena as propagandas praticamente se resumiram a comunicados ligados à pandemia: de avisos sobre a produção de álcool em gel em larga escala a mensagens de otimismo e esperança. Sabe o que mais me chamou a atenção é o luxo dos longos prazos, grupos de foco, caríssimas produções externas, e o mundo do marketing continua seguindo adiante e produzindo intensamente.

COMO LER ESTE LIVRO

O livro pode ser lido em qualquer ordem, pois poderá ser usada qualquer estratégia independente, mas preferencialmente juntas, embora exista uma linha condutora para aqueles que desejam um encadeamento lógico do assunto. Está dividido em 9 capítulos, mas tecnicamente existe uma divisão intelectual de três etapas. A primeira e principal etapa fala sobre as estratégias, táticas e métodos inovadores de campanha eleitorais, já aplicadas nos contextos da campanha eleitoral, algumas testadas em eleições recentes no Brasil e no exterior. A segunda etapa fala sobre a ideia de financiamento coletivo de campanha para as eleições, o crowdfunding, a ferramenta de captar recursos. A terceira etapa é sobre o comportamento do candidato, seus cabos eleitorais, jingle, slogan e vídeos de campanha.

APROVEITE AS OPINIÕES DO LIVRO

Se há uma coisa que aprendi trabalhando nas campanhas políticas é que não existem verdades absolutas no mundo da política, além dos resultados concretos que é sua eleição. Por isso, acredito que este livro deve seguir o mesmo caminho. Espero que, ao apresentar as estratégias, táticas, metodologias e ferramentas inovadoras, e que novas formas de pensar sobre sua campanha eleitoral surjam e o levem a sua eleição.

ENTENDA MELHOR O PERFIL DE SEU ELEITOR

O Mapa de Empatia serve para que o candidato entenda melhor o perfil do seu eleitor, e, assim, possa direcionar suas propostas e serviços, inicialmente para atender as necessidades e anseios do eleitor. Além disso, ele pode ser usado para alinhar suas estratégias de divulgação, como as estratégias de marketing digital, para atingir de forma mais eficiente seu eleitor e até reestruturar seu modelo de campanha com base no mapa de empatia. Uma das principais vantagens da ferramenta é sua capacidade de ir além dos métodos tradicionais de pesquisa e segmentação do público-alvo. Você pode partir das personas, que são as personagens ficcionais que representam seu eleitor ideal, e aprofundar ainda mais a análise com o mapa de empatia.

Nenhuma outra ferramenta descreve e expõe com tanta precisão o que seu público pensa e sente, como percebe o mundo e quais são suas principais dores e necessidades. Logo, o mapa de empatia de um produto ilustra exatamente o que o eleitor espera dele e como pretende utilizá-lo. Assim, você conhecerá cada interação do eleitor com sua solução nos mínimos detalhes e, assim, poderá prever suas expectativas e anseios. Melhor ainda: poderá organizar todas essas informações em um simples quadro, com as categorias distribuídas em quadrantes. Assim, toda a equipe pode visualizar o mapa e preenchê-lo com ideias em tempo real, durante uma sessão de Brainstorming.

A Sociedade em Processos de Inovação

Muitos eleitores ainda tem uma imagem da política como algo muito rígido e retrógrado, fechado a novidades e às mudanças ao seu redor. Isso não pode ser aceito como verdade. Políticos que se apresentam como agentes de renovação acabam passando uma imagem muito mais aberta ao eleitorado. Fugir das convencionalidades pode ser algo muito positivo, principalmente quando se trata de ações obsoletas ou prejudiciais à sociedade de alguma forma. O período de campanha é um ótimo momento de colocar em prática novas ideias, já que é a hora de se destacar. Formas de inovar em campanha eleitoral e mostrar para os eleitores que o candidato está de olho nas transformações.

Capítulo 1 – Inovação Joga-se no Ataque

Nenhuma Estratégia é Melhor do que aquela que o adversário não Percebe até Adotarmos[2]

O Melhor entre Eleitores e Candidatos

Nos últimos dois anos, o tempo de navegação móvel cresceu assustadoramente no Brasil em comparação com o computador, e o celular se tornou o dispositivo mais usado pelos eleitores. E como esse meio oferece cada vez mais oportunidades melhores para criar contatos valiosos entre eleitores e candidatos, aumenta a importância de oferecer experiências móveis ágeis que impactam positivamente os resultados das eleições.

Oito em cada dez eleitores confiam em um candidato honesto e trabalhador que ofereça um site móvel fácil de usar e de carregamento rápido, mais do que um que oferece uma experiência lenta ou complexa. Mas, é claro, o que faz a diferença não é a possibilidade de navegar pelo celular, mas sim sem atritos. De fato, a facilidade de uso e o conforto para encontrar o que eles procuram são os aspectos que os eleitores mais se destacam ao mergulhar em um site a partir de seu smartphone. Por sua vez, os candidatos que oferecem experiências móveis de qualidade têm uma vantagem.

Além disso, os eleitores que navegam em sites otimizados não estão apenas mais dispostos a recomendar um site sem atrito, mas também se tornam promotores das campanhas que lhes proporcionam essas experiências. E se um site oferece navegação ágil, as chances de que os internautas confiem nesse candidato e a considerem moderna aumentam. Portanto, diante dos eleitores cada vez mais focados em experiências móveis, o desafio para os candidatos é ajudá-los de maneira relevante a alcançar um vínculo mais valioso. A falta dessa oportunidade pode ter consequências negativas nos objetivos da campanha.

Os eleitores classificariam mal um candidato cujo site não era agradável de navegar a partir de um smartphone e acessariam o site ou aplicativo do adversário se o voto ou a busca de informações exigirem mais etapas do que o esperado.

Inovação, confiança e trabalho estão entre os atributos que mais se destacam entre os eleitores e seu candidato. Por esse motivo, os candidatos devem concentrar seus esforços na implementação de melhorias contínuas em seus sites para celular e na otimização da jornada do eleitor. A partir dessa decisão que é comprovado pelas experiências bem-sucedidas dos profissionais de marketing digital, pois aumentam as conversões e o engajamento.

CELULAR O PONTO DE CONVERGÊNCIA

Novas ativações, leves e ágeis, ganham vida em dias e não mais em meses, como era até então. O orçamento para a publicidade, mais do que nunca, tem de estar alinhado à atenção dos eleitores. Mesmo quando estamos assistindo à televisão, lendo revistas e jornais, nossos olhos a toda hora correm para a tela do smartphone, principalmente no intervalo comercial. É o celular o ponto de convergência de todos os olhares ao longo do dia. O que esta crise está mostrando é que, com a urgência dos acontecimentos e com a celeridade das redes sociais, não dá mais para pensar em orçamento anual, campanhas que levam meses para ser produzidas, modelos de campanha eleitoral com o eleitores totalmente engessados. Quem previa a pandemia quando estava pensando na política de 2020 lá no meio de 2019.

INOVAR A PROPAGANDA POLÍTICA

O que vale mais hoje? Se é fazer Stories no Instagram, então corra, porque amanhã talvez já não seja mais isso. É preciso apostar em produções ágeis, testes em microescala e diários. Se algo deu certo, investe-se mais dinheiro. Se não deu, descarta-se imediatamente. Muito menos pirotecnia e mais **Pragmatismo Criativo**. Apesar de todos os holofotes estarem voltados para inteligência artificial, big data, machine learning, realidade virtual e realidade aumentada, acredito que a criatividade será o verdadeiro diferencial competitivo. Espero que a **Disrupção** aconteça também na forma como as propagandas são apresentadas. Mesmo quando exibida na tela do celular, a comunicação que interrompe a experiência do eleitor o ainda é o padrão vigente: você está no sofá assistindo a um vídeo interessante e, do nada, pula um anúncio inconveniente à sua frente. Então não faça anúncios atoa e sim planejados. Construir uma campanha política insistindo nessa forma irritante de exibir você, em pleno 2020, me parece um grande erro. Se quem tem mais de 40 anos e cresceu com esse modelo de propaganda já não o engole mais. Pensando nesse público mais jovem, que é quem dita as tendências, primeiro deve empregar as estratégias inovadoras deste livro, depois os candidatos precisam começar a produzir seus conteúdos relevantes urgentemente. Isso não é **Futurologia**. Não faço ideia do que vai acontecer nas próximas eleições, mas posso garantir, mas o que vai estourar nas próximas campanhas eleitorais, já existe hoje. Não é adivinhação, é observação. Olhar para o comportamento dos eleitores e reconhecer padrões é a fórmula para criar e crescer.

USANDO MÍDIAS SOCIAIS CORRETAMENTE

A grande maioria dos políticos e partidos já compreendeu que é necessário usar as redes sociais tanto em suas campanhas quanto nos mandatos. No entanto, nem todos sabem utilizar esse recurso da maneira correta. Alguns acabam tendo posturas inadequadas e indecorosas nas redes, outros não se dedicam o suficiente ao meio. É importante que o candidato exerça uma presença ativa nas redes sociais e que essa postura seja constante, não apenas no período eleitoral. Isso mostra que o político realmente é um indivíduo engajado e envolvido nos acontecimentos sociopolíticos do país ou região que pleiteia o cargo.

TÉCNICAS DE SEO NO MARKETING POLÍTICO

Qualquer candidato que deseja ter boa visibilidade e relevância nos resultados de site de busca como o Google, Bing, Yahoo, etc., por exemplo, precisa se preocupar em empregar técnicas de SEO no seu marketing digital. A sigla em inglês significa Search Engine Optimization e indica a otimização de sites para motores de busca. Toda a estratégia de adequação do conteúdo para SEO é pensada para aumentar os resultados orgânicos e o acesso à suas páginas. Para isso, é preciso primeiramente definir o público-alvo - eleitores. Tendo ele em mente é possível produzir conteúdo com base em palavras-chave, palavras que incidem sobre a intenção do público ao procurar algo. Todo o conteúdo produzido deve ser responsivo. Isso significa que qualquer informação veiculada através de meios digitais deve conseguir ser carregada e lida em qualquer tipo de dispositivo. Isso é importante pois os eleitores cada vez mais estão consumindo conteúdos através de plataformas diversas, principalmente por dispositivos móveis, como celulares e tablets, que possuem telas menores.

Voto, voto, voto!

Isso significa que as campanhas buscam formas inovadoras de divulgar sua marca e seu serviço. Tenha, times dedicados a growth com uma formação bem heterogênea, as equipes focadas em growth hacking possuíam profissionais das mais diversas áreas, desde pessoas com pensamento analítico e científico até aqueles com perfil mais criativo. Faça rigorosas otimizações baseadas em análises e dados, pois significa que não haja espaço para "achismo": tudo precisava de informações para ser confirmado ou refutado. Com isso as campanhas terão um processo de growth hacking bem estruturado, ou seja, um passo a passo para implementar melhorias e fazer com que a campanha tenha um crescimento sustentável.

Fundos de Financiamento Coletivo

As novas regras de financiamento fizeram com que os políticos buscassem novas formas de angariar fundos para suas campanhas. Uma das opções que surge como grande alternativa para isso é o **Crowdfunding**. Em 2017 o Tribunal Superior Eleitoral (TSE) regularizou a prática de financiamento coletivo para campanhas. Isso quer dizer que para as eleições de 2020 os candidatos poderão lançar "vaquinhas virtuais", campanhas de arrecadação de verbas para campanha realizadas inteiramente pela internet. Esse tipo de ação permite que a população possa financiar projetos e ideias nas quais realmente acredita e quer ver acontecer, sendo uma ótima forma de inovar em campanha eleitoral.

As Portas

Nas rodas de conversa, no noticiário e em todo lugar que olhamos, inovação, tecnologia, esporte e política são temas recorrentes. E não poderia ser diferente. À medida que o conhecimento humano desenvolve, novas possibilidades e metodologias surgem, é o estilo de transformar o mundo como um todo. Pensar sobre inovação não é somente ter uma ideia. **Inovação é sobre como resolver problemas.**

Análise SWOT ou Análise FOFA é uma técnica de planejamento estratégico utilizada para auxiliar pessoas ou organizações a identificar forças, fraquezas, oportunidades, e ameaças relacionadas à competição ou planejamento de campanha ou projetos.

O **Benchmark**, já é possível saber como funciona a técnica: **Referência.** Benchmarking é tomar como referência um candidato (ou vários) e analisar com profundidade suas técnicas de marketing, redes sociais, entre outras. Para construir uma campanha sólida que vai trazer votos para você.

É uma estratégia que visa o **Crescimento Expressivo e Acelerado** da campanha com base em práticas melhores a partir da identificação dos seus pontos críticos. Em inglês **Growth Hacking** é um termo implementado por Sean Ellis. Segundo ele, a definição mais correta é: marketing orientado a experimentos. O objetivo é encontrar oportunidades visando resultados rápidos para o crescimento expressivo.

O **Design Thinking** como forma de pensar, colocando o ser humano no centro das decisões, nos traz a oportunidade de reavaliar o seu papel de "ter ideias" para resolver o problema de alguém. Quanto mais efetivo você for em entender o eleitor e o problema, maior a chance de criar campanhas diferentes e inovadoras.

O **Mapa de Empatia** foi criado pela consultoria de design XPLANE como parte da Metodologia Canvas para modelos de negócios. Segundo o fundador da XPLANE, Dave Gray, o instrumento visual foi criado para ajudar as equipes a compreender profundamente seus eleitores e aprimorar a experiência do usuário. O objetivo é capturar o ponto de vista do eleitor a partir do Design Thinking, que foca nas necessidades do público-alvo para projetar soluções sob medida. Assim, da mesma forma que elaborar uma proposta de valor, realizar o mapeamento de interesse, utilizar ferramentas como **Business Model Canvas.**

No período férias em fevereiro comecei a escreve sobre a **Inovação na Campanha Eleitoral**, em julho de 2020 terminei. Durante as férias e incluindo a quarentena da pandemia do corona vírus, ficando novamente em casa. Agora então agradecido, pois tive o privilégio de concluir este livro antes do prazo definido pela editora. Como sempre agradeço a Deus por concluir meu objetivo, ter mais essa experiência gratificante e intelectualmente desafiadora.

As **Estratégias Tecnológicas Inovadoras** como QR Code, Big Data, Inteligência Artificial, Redes Sociais, Sites, Blog, WhatsApp, E-mail marketing, já estão publicadas no meu livro anterior **Marketing Político Eleitoral Digital**.

ORIENTAÇÃO PARA OS ADVERSÁRIOS

Para ter sucesso hoje em dia, o candidato precisa ser orientado para o adversário. Deve procurar seus pontos fracos e lançar contra eles os seus ataques de marketing. Isto é ilustrado por muitas histórias recentes de sucesso em marketing político. Há os que dizem que um plano de marketing bem pensado sempre inclui uma seção sobre os adversários. Com efeito, inclui. Geralmente, lá pelo final do plano, em uma seção intitulada "Avaliação Competitiva". Quase sempre, a parte principal do plano diz qual é o eleitorado, seus vários segmentos e miríades de dados estatísticos sobre o eleitor, cuidadosamente extraídos de intermináveis discussões da coordenação de campanha.

O Plano de Marketing do Futuro

No plano de marketing do futuro serão dedicadas muito mais páginas aos adversários. Este plano dissecará cuidadosamente cada participante do eleitorado; desenvolverá uma lista de pontos competitivos fortes e fracos, bem como um plano de ação para explorá-los ou para defender-se deles. Poderá até chegar o dia em que este plano conterá um dossiê de cada pessoa chave do adversário, que incluirá suas táticas favoritas e estilo de operação. Significa que todos devem estar preparados para fazer política de marketing. Cada vez mais as campanhas de marketing de sucesso terão de ser planejadas como campanhas militares.

O planejamento estratégico se tornará cada vez mais importante. Os candidatos terão de aprender como atacar pela frente e pelos flancos seus adversários, como defender suas posições e como e quando fazer guerrilha. Precisarão de melhor inteligência sobre como prever os movimentos competitivos. Ao nível pessoal, os bons executivos de marketing terão de exibir muitas das mesmas virtudes que fazem um grande general militar coragem, lealdade e perseverança. Talvez Clausewitz esteja certo em dizer que marketing seja guerra, onde o adversário é o inimigo e o objetivo é ganhar a batalha.

Canja de Galinha não Fazem Mal

Mas tudo deve ser avaliado com cautela. Nem sempre tudo o que o adversário fizer vai ter serventia para sua campanha. Adaptação das técnicas eleitorais à sua realidade tudo certo, mas copiar toda a estratégia de outra campanha, nem pensar.

Permita que sua campanha tenha a melhor experiência, como: atualizar as ferramentas de marketing e identificar quais áreas devem ser otimizadas, observar com atenção e aprender com a experiência de quem é referência no eleitorado, possibilitar uma previsão que colocará sua eleição alguns passos à frente, receber informações valiosas de campanhas, desenvolver técnicas que tomarão como base as informações recebidas e utilizar as melhores técnicas visando o crescimento de todos os setores, das equipes e da candidatura como um todo.

CAPÍTULO 2 – TODOS SÃO O MELHOR

Concentre-se nos pontos fortes, reconheça as fraquezas, agarre as oportunidades e proteja-se contra as ameaças.[3]

---

[3] Sun Tzu – A Arte da Guerra.

Análise SWOT ou Análise FOFA

Uma técnica de planejamento estratégico utilizada para auxiliar eleitores, comunidades ou organizações a identificar forças, fraquezas, oportunidades, e ameaças relacionadas à competição ou planejamento de projetos. Não tem um pai ou mãe definidos, mas muitos acreditam que ela tenha sido desenvolvida na década de 1960 por professores da Universidade Stanford, a partir da análise das 500 maiores empresas dos Estados

Unidos. Portanto, como qualquer outra ferramenta considerada clássica na administração, a análise SWOT também foi pensada considerando o contexto da grande empresa e, posteriormente, passou a ser adotada também em outras situações.

Com essa ferramenta, você será capaz de organizar e detalhar as Forças, Fraquezas, Ameaças e Oportunidades de sua campanha. É comprovado que os times que que executam corretamente a SWOT, consegue ter mais sucesso nas eleições. É útil porque incentiva o candidato a analisar sua campanha sob diversas perspectivas de forma simples, objetiva e propositiva. A ferramenta de análise SWOT é considerada uma ferramenta clássica da administração. Mas a ferramenta ainda é pouco conhecida e consequentemente pouco usada.

A análise SWOT pode ser usada como uma ferramenta de autoconhecimento, nesse caso, o conhecimento mais aprofundado a respeito de sua campanha e guia para a definição de um plano de ação.

1. Quais são os problemas de sua campanha?
2. Que vantagens você tem sobre seus adversários?
3. Quando deve apostar em uma nova estratégia?
4. Como organizar isso?

SWOT é uma sigla em inglês dos termos Strengths (pontos fortes), Weaknesses (pontos fracos), Opportunities (oportunidades de campanha) e Threats (ameaças à sua campanha).

Os pontos fortes e fracos, em geral, estão dentro da própria campanha, enquanto as oportunidades e as ameaças, na maioria dos casos, têm origem externa.

O uso da ferramenta análise SWOT é razoavelmente simples. O mais difícil é identificar os reais pontos fortes e fracos da campanha, as oportunidades mais vantajosas e as ameaças mais importantes do ambiente competitivo em que a campanha está enquadrada.

PONTOS INTERNOS DA MATRIZ SWOT

Os pontos internos da Matriz SWOT são as **forças e fraquezas** internas do sua campanha. Ou seja, tudo aquilo que o sua iniciativa tem de vantagem ou desvantagem em relação aos adversários. Reconhecer esses pontos ajuda muito a desenvolver novas estratégias para sua campanha.

Por exemplo, o vereador já possui um gabinete e assessores enquanto você não possui, isso é uma força e uma vantagem que ele tem. Você por outro lado, por não ter gabinete, se encontra em desvantagem, o que torna isso uma fraqueza.

As forças da SWOT são, basicamente, tudo que sua iniciativa tem de bom, mas como algumas coisas podem coincidir com seus adversários, vamos simplificar pra tudo que só a sua campanha tem de bom (Ou algo que, mesmo que outros tenham, não seja comum).

As Fraquezas da SWOT são tudo aquilo que sua campanha tem de problemático. Nesse caso não precisa se preocupar com coincidir com seu adversário ou não, o importante é saber o que precisa mudar.

Pontos Externos da Matriz SWOT

Os pontos externos da Matriz SWOT são as **oportunidades** e **ameaças** externas da sua campanha. Ou seja, tudo aquilo que o sua campanha pode aproveitar ou evitar em relação à fatores externos como a política partidária, economia, etc.). Para que uma estratégia seja efetiva, isso é extremamente importante.

Digamos que o candidato quer saber quais oportunidades estão à disposição para ele aproveitar. Ele pode ver novas demandas para seus eleitores, que necessidades da comunidade tem solicitado muito ou que tecnologias ele pode aprimorar.

Por outro lado, se quiser saber que ameaças deve tomar cuidado, ele pode se perguntar que fatores estão afetando a demanda dele, o que tem atrapalhado seu crescimento ou até analisar seus próprios adversários. Pode acontecer de um mesmo fator ser ambos, mas é mais difícil de acontecer e mais incomum. Nesses casos, dependerá do comportamento do fator em questão.

As oportunidades são todas as chances motivadas por algum fator externo, ou seja, fora do controle da campanha, que pode ser bem aproveitado para alavancar sua eleição. Não preciso nem dizer porque é extremamente necessário, prestar muita atenção nisso.

As ameaças são todas os problemas que podem ser causados por algum fator externo da campanha, que deve ser contornado. Novamente, é óbvio a importância dessa etapa da SWOT, já que ajuda você a prever qualquer problema com antecedência e se planejar.

Os Reais Pontos Fortes de sua Campanha

Os candidatos tendem a ser otimistas por natureza. Por isso, reflita bem se o que você está escrevendo neste tópico é um ponto forte real ou se é apenas a sua opinião. Valide sua lista com o coordenador da campanha e sua equipe. Podem ser considerados pontos fortes um local com muito trânsito de pessoas que formam o público-alvo, um excelente canal de distribuição de material, ter um partido conhecido ou uma equipe realmente comprometida com a estratégia da campanha também são pontos fortes. Não é fácil levantar todos eles, mas tente pensar nas vantagens competitivas de sua campanha.

Os Reais Pontos Fracos de sua Campanha

O otimismo excessivo do candidato pode impedi-lo de refletir sobre os pontos fracos da campanha. Mesmo nas melhores campanhas se conseguem elaborar uma grande lista de pontos fracos. Quanto mais esforço em identificar esses pontos, mais sua campanha tende a se tornar melhor, desde que elabore um plano de ação para tratar cada ponto fraco. Neste tópico, liste tudo que está fazendo na campanha com a perda de votos ou aumento dos custos.

As Oportunidades para a sua Campanha

Muito cuidado ao elaborar a lista deste tópico porque candidatos veem oportunidades em todos os lugares. Para elaborar a lista, é preciso que a equipe de campanha tenha uma estratégica clara, com objetivos, indicadores e metas bem definidos. Isso permitirá fazer com que as oportunidades vislumbradas para a campanha sejam priorizadas de acordo com a estratégia.

As Ameaças para a sua Campanha

Comece sua lista pelos problemas que a sua campanha pode enfrentar ou está enfrentando com os adversários políticos. Que atitudes de seus adversários podem contribuir para reduzir seus eleitores ou aumentar os custos de sua campanha.

Prepare-se para a Campanha

A análise SWOT tem forte influência da escola militarista de formulação estratégica. Isso significa analisar detalhadamente o adversário e o ambiente em que se realizará o combate, para identificar as oportunidades e ameaças e os pontos fortes e fracos da equipe. Com base nessa análise, buscasse o melhor posicionamento e a definição do melhor plano de ação para o ataque e a defesa. A arte da guerra: Depois de tanto tempo publicada (século IV a.C.), a obra A Arte da Guerra, de Sun Tzu, virou até livro de cabeceira, mas seus ensinamentos podem ser úteis para qualquer candidato. A máxima é: "Se você conhece o inimigo e conhece a si mesmo, não precisa temer o resultado de cem batalhas. Se você se conhece, mas não conhece o inimigo, para cada vitória ganha sofrerá uma derrota. Se você não conhece nem o inimigo nem a si mesmo, perderá todas as batalhas".

OTIMISTA E PIEGAS

Os candidatos são otimistas por princípio. Nenhum pessimista vai para uma campanha eleitoral. Num primeiro momento, esse otimismo pode levar o candidato a identificar vários pontos fortes e oportunidades, mas poucos pontos fracos e ameaças durante a campanha. Depois de algum tempo, já como candidato, a lista de pontos fracos e ameaças aumenta consideravelmente. Nesse momento, o sentimento que está fora da realidade, pode prevalecer com a pergunta: Por que não pensei nisso antes? Apesar de útil em diversas situações, a análise SWOT pode ser uma ferramenta venenosa para muitas campanhas, provavelmente não tomariam a decisão de concorrer. Quando a campanha faz sucesso, os candidatos são chamados de vencedores, mas no início, eram considerados ingênuos. Não encare esse argumento para deixar de fazer a análise SWOT para sua campanha. Ela se torna mais imprescindível na medida em que a campanha evolui.

PEÇA A REVISÃO DO CONSELHO POLÍTICO

Quando o candidato elabora a análise SWOT para a campanha, é bem possível que a análise não seja totalmente imparcial. Nenhum pai ou mãe consegue fazer uma avaliação de seu filho ou sua filha sem destacar os pontos fortes e deixar os fracos com um destaque menor. Assim, peça para sua equipe de trabalho que conhecem e estão familiarizados com a campanha para avaliar sua análise.

APÓS O PREENCHIMENTO DOS QUADRANTES SWOT

A principal falha no uso da análise SWOT é imaginar que basta preencher os quadrantes. Esse é só o começo da análise SWOT. Depois do preenchimento, é preciso analisar o que o candidato e sua equipe deverá fazer para aproveitar seus pontos fortes e as oportunidades, melhorar seus pontos fracos e tentar extinguir ou minimizar o efeito das ameaças potenciais.

CAPÍTULO 3 – MATE SUA CAMPANHA

Se você não conhece nem o inimigo nem a si mesmo, perderá todas as batalhas.4

Lutar para se Tornar o Melhor

Um Ponto de Referência com o qual as coisas podem ser Comparadas, isso é Benchmarking que é tomar como referência um candidato (ou vários) e analisar om profundidade suas técnicas de marketing, redes sociais, entre outras.

---

[4] Sun Tzu – Arte da Guerra

Eu mesmo já encontrei erros cometidos por candidatos que, se acertados, podem gerar muitos votos. Quando você passa a estudar sua campanha, inevitavelmente você estuda todo o eleitorado. Essa característica já é o início do benchmarking, que permite conhecer melhor seu lead e até descobrir técnicas inovadoras. Mas isso não é uma regra. Não é necessário reinventar uma performance, afinal, muitas trabalham de forma parecida e conseguem excelentes resultados. E não se preocupe! Não tem nada de errado em fazer o benchmarking. É preciso desconstruir a ideia de que benchmarking é roubar ideias, pois não é.

Ele, na realidade, oferece a possibilidade de conhecer outras ideias e adaptar detalhes que julgue relevante, levando a eleição a oportunidade de crescer e se destacar.

ENCONTRE OS PONTOS FORTES E ADAPTA-SE E OS PONTOS FRACOS NÃO UTILIZÁ-LOS

O benchmarking é justamente isso: Encontrar os pontos fortes dos candidatos, adaptar as técnicas de marketing à realidade da sua campanha para superar os maiores candidatos de sucesso. É também enxergar os pontos fracos, entender porque eles ocorrem e procurar otimizá-los, ou simplesmente não utilizá-los. A equipe que vai realizar o benchmarking precisa ser eficiente com a análise e interpretação de dados, pois só assim a avaliação e mensuração das informações coletadas se dará de maneira precisa. Os dados coletados com precisão servirão de benchmark, ou seja, referência para suas estratégias de marketing, possibilitando uma maior visibilidade e, consequentemente, maiores resultados.

Os Princípios do Benchmarking

Acredito que seja correto dizer que a base metodológica do benchmarking tem quatro pilares que a sustentam. Se você não compreender a importância e o significado de cada um deles, sua análise pode não ser clara e seus resultados serem prejudicados.

Reciprocidade

As campanhas devem estar dispostas a compartilhar informações e dados. O benchmarking deve ser compreendido como uma técnica utilizada em parceria, ou seja, de forma recíproca, sem que exista o medo do que o candidato que está recebendo as informações pode conquistar.

Analogia

A análise do eleitorado deve existir entre campanhas, independente do segmento, cabendo a cada informação recebida ser adaptada à realidade da sua campanha que obteve a mesma, sempre considerando os contextos organizacionais, sociais, culturais e estruturais.

Medição

Comparação do desempenho das campanhas que são autoridades no eleitorado com o desempenho da sua campanha para identificar possíveis falhas e também as melhores técnicas para que os resultados melhorem como um todo, visto que o nível será elevado.

VALIDADE

Todos os dados coletados devem ser válidos. Trabalhar com informações falsas vai prejudicar a campanha que as está analisando, comprometendo todo sua eleição. Pode acontecer, pois alguns candidatos ainda acreditam que manter o segredo é o que permite o sucesso. Mas afirmo que não é bem verdade.

VANTAGENS E DESVANTAGENS DO BENCHMARKING

Claro que ser uma técnica, não garante ao benchmarking não contar com um lado negativo. Como tudo, este também tem seus dois lados. O mais importante não é dar preferência ao que não gera dúvidas, mas sim saber trabalhar com ambas as opções – vantagens e desvantagens – com inteligência para minimizar seus reveses.

VANTAGENS DO BENCHMARKING

1. Permite ao candidato um melhor autoconhecimento, e sempre que o olhar se volta para a realidade interna, ideias surgem;

2. Otimização das técnicas já utilizadas, visando uma considerável aproximação ao que poderia ser chamado de perfeição;
3. Motivação para a equipe, que passa a enxergar as metas como algo tangível, visto que a eleição traz tantas outras candidaturas que conseguiram atingir tais metas;
4. Maior reconhecimento do eleitorado através da marca que começa a ganhar espaço e se igualar com as maiores candidatos do segmento;
5. Estar próximo aos grandes candidatos é aprender com eles;
6. Ampliação da margem de votos, aumento na produtividade, redução dos custos, otimização das técnicas utilizadas pela equipe de marketing, entre tantas outras melhorias que certamente você irá notar.

DESVANTAGENS DO BENCHMARKING

1. Uma má adequação dos métodos utilizados por outras campanhas poderá anular os resultados da sua, afinal, o tempo investido de forma errada poderia ter sido muito mais produtivo;
2. Focar demais na concorrência pode limitar a visão que a campanha tem de si própria, transformando a gestão em uma seguidora de outras campanhas e não uma inovadora;
3. Transpor técnicas sem cautela resultará em um declínio dos votos, pois o que funciona para outras campanhas pode não funcionar para a sua;

4. Copiar tudo o que a concorrente faz vai caracterizar uma perda das próprias ideias e identidade, que poderiam possivelmente ser os diferenciais da sua campanha.

IMPORTÂNCIA DO BENCHMARKING

Como eu já disse, é comum fazer comparações com as maiores campanhas. Não só para utilizar suas receitas de sucesso, mas também para saber como se posicionar perante elas e perante o eleitorado. Eu diria que a interpretação da técnica deve girar em torno da ideia de permitir a evolução, a disputa pelo voto, pelo melhor atendimento, pela melhor proposta, e gerando melhores resultados para o eleitorado.

TIPOS DE BENCHMARKING

O Benchmarking se divide em algumas etapas que juntas podem trazer uma análise mais efetiva. São muitas as características que moldam um benchmarking. Eu vou fazer uma breve análise de algumas dessas etapas para que você compreenda melhor:

BENCHMARKING COMPETITIVO

O foco aqui é a análise aprofundada das técnicas utilizadas pelos adversários na intenção de superá-los. O fato é que as campanhas não costumam entregar todos os seus segredos aos rivais, o que torna essa opção uma estratégia um pouco mais complicada.

BENCHMARKING FUNCIONAL

A comparação entre os processos utilizados por campanhas de segmentos diferentes na intenção de adaptar as melhores técnicas. Até porque seguir somente as orientações das campanhas do seu segmento pode causar uma má visualização das tendências do eleitorado.

Um candidato que tenha atuação principal no meio-ambiente pode muito bem estudar as técnicas em campanha que trabalhe com a sustentabilidade.

BENCHMARKING INTERNO

Diferente dos outros tipos de benchmarking já citados, este visa analisar os dados da própria campanha, como no caso dos cabos eleitorais que obtiveram sucesso ou até mesmo entre segmentos de atuação diferentes. A intenção é de desenvolver metodologias inovadoras para resultados mais satisfatórios. É um processo mais fácil e que não exige custos com pesquisas externas. Esse tipo de análise permite à gestão conhecer cada etapa dentro de sua campanha até o momento em que a solicitação chega nas mãos do eleitor.

BENCHMARKING GENÉRICO

A comparação de determinados aspectos que mantém a funcionalidade da campanha. As características são variadas, mas, para dar um exemplo, poderia ser uma análise de quanto tempo solicitação do eleitor demorou para ser atendida. Através desse tipo de benchmarking, é possível inspirar e direcionar campanhas, tal como serviços, abordagem ao eleitor, entre tantos outros, e até mesmo uma melhor fidelização de eleitores.

Como Fazer Benchmarking

Agora que você já compreendeu o que é benchmarking, é hora de colocar em prática o aprendizado. Vou fazer um passo a passo para ficar mais claro.

Estude a sua Própria Campanha

Identifique os processos ou práticas que sua campanha precisa melhorar e invista em profissionais que elevaram a qualidade dos setores. Analise como está o envolvimento da equipe – se têm um bom entrosamento e sabem claramente quais são as metas da campanha eleitoral.

Entre as opções, estão o marketing digital, o marketing, a tecnologia, logística, gestão de pessoas, qualidade de vida, prazos, design, e mais diversas outras que achar necessário.

Pergunte a seus Eleitores

O feedback sincero dos eleitores de confiança pode ajudar a decidir os novos rumos. Muitas vezes, quem está fora consegue fazer uma avaliação mais exata do que as pessoas diretamente envolvidas.

Pergunte a eles o que acham que poderia melhorar dentro da sua campanha ou identifique os pontos negativos apontados e invista em melhorias. A importância do feedback é algo antigo. Lembra das caixinhas de sugestões?

Escolha a Pessoa que será Responsável

É preciso definir qual o assessor ou equipe mais apta a fazer uma interpretação dos dados. Se você for essa pessoa, faça! Se você conta com características como organização, tem um perfil analítico, e conhece cada processo que ocorre dentro da sua campanha, não vejo motivos para não fazer. Se não se sente apto a desempenhar essa função, selecione profissionais que tenham tais características e motive-os.

Dê Prioridade aos Processos Mais Importantes a Serem Feitos

Só você e sua equipe sabem quais as necessidades da eleição, então foque nas informações que precisam ser coletadas com mais urgência. No marketing digital, você pode analisar como está o engajamento através das redes sociais, o sucesso de suas campanhas, a qualidade do material disponibilizado, e a experiência do eleitor em seus sites. Também pode analisar quais as palavras-chave utilizadas, as meta tags, autoridade da marca, páginas indexadas nos motores de busca, a presença nas mídias sociais, design, e velocidade do carregamento do site, etc. Sempre tenha como objetivo igualar ou superar os resultados conquistados pelos adversários políticos.

Identifique Onde Você Está Gastando Mais Dinheiro ou Tempo

Se a campanha analisada contar com a mesma estrutura que a sua, este tipo de análise se torna mais eficaz e precisa. Todo e qualquer gasto pode entrar no estudo, como o aluguel do comitê ou o investimento em ferramentas digitais para uma maior qualidade nos serviços prestados. Se notar que as diferenças dos gastos entre sua campanha e a campanha analisada está muito grande (muito mais alto ou muito mais baixo), algo está precisando de mais atenção. Procure encontrar o que está causando a disparidade e invista tempo e dedicação para mudar o panorama. Pode ser até que encontre um meio de economizar. Tudo o que envolve valores (dadas as devidas proporções) mantém uma equiparidade.

SimilarWeb permite Dados e Métricas com Excelente Precisão

Esses dados são coletados em sites de adversários e ditam os caminhos para toda equipe de marketing que tenha como objetivo as ideias inovadoras e buscam o diferencial.

Estatísticas Fornecidas pelas Próprias Mídias Sociais

As principais redes sociais como o Facebook, LinkedIn, YouTube e Twitter oferecem às empresas ferramentas próprias que possibilitam analisar a performance do conteúdo que determinada campanha está disponibilizando. É possível saber qual o alcance do material, então utilize tais ferramentas com sabedoria. A maior rede social do mundo, por exemplo, permite você selecionar algumas fanpages similares à sua para que possa fazer sua coleta de dados e comparar o posicionamento delas em relação ao seu. Mas, não se preocupe! Tudo é feito de maneira simplificada, tornando possível visualizar o crescimento da campanha e quais técnicas trazem os melhores resultados.

O Facebook também permite criar listas de interesse, colocando nelas as fanpages dos adversários para acompanhar bem de perto. Depois é só adicionar todos os adversários que queira manter sob vigilância.

No caso do Twitter, você pode criar listas públicas e privadas de outras contas, incluindo os perfis de seus adversários e acompanhando suas performances de forma organizada.

O Klout é um aplicativo que permite saber o grau de influência dos usuários nas mídias sociais, ou seja, um ranking dos influenciadores. Suas versões permitem sua utilização tanto na web, quanto na versão mobile. Sua função é coletar dados para que o aplicativo faça uma análise social, apontando o grau de influência através da pontuação avaliada pelo Klout Score, podendo variar de 0 a 100, posicionando as campanhas no ranking. A pontuação leva em consideração o engajamento dos eleitores através do conteúdo disponibilizado por cada usuário, a reação do público diante dos anúncios através de mensagens, e a relevância da rede de contato. Além disso, apontam quais os temas que garantem aos usuários as primeiras posições, isto é, sobre o que estão falando para gerar tal influência.

CAPÍTULO 4 – CAMPANHA INOVADORA

A Criatividade é pensar coisas novas. A Inovação é fazer coisas novas.[5]

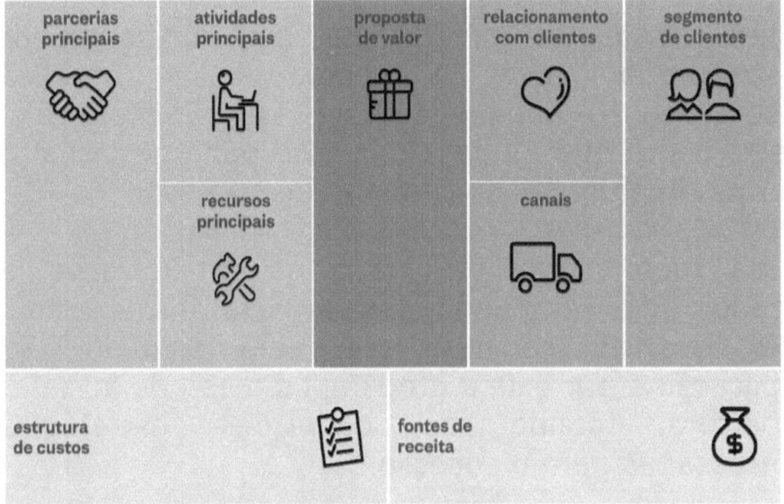

---

[5] Theodore Levitt - Mestre da Harvard

O Business Model Canvas é um modelo de estruturação de interesses eficiente, moderno e muito prático. Ele dá suporte para relacionar pontos básicos, tudo em um modelo totalmente visual.

Iniciar uma campanha é um desafio e tanto! Para isso, é importante pensar em como o sua campanha vai se apresentar para o eleitorado.

Além disso, ela precisa ter seu funcionamento estruturado, para a gestão e a operação acontecerem adequadamente. O Canvas é a ferramenta que ajuda a dar esse pontapé inicial de forma organizada, no caminho do sucesso.

Essa metodologia tem foco na estruturação do modelo de campanha. Assim, ela inicia com a definição do caminho que será seguido. Sua aplicação é a próxima etapa após o estudo inicial da abertura, dando as definições estratégicas necessárias para o sucesso.

O SURGIMENTO

Apesar de ser amplamente utilizado e muito conceituado, a metodologia Canvas é muito mais recente do que se pode imaginar. É, justamente, a sua objetividade e suporte, dentro de uma linha estratégica, que fez com que ela se popularizasse.

A ideia foi trazida à tona pela primeira vez em meados dos anos 2000, por Alex Osterwalder, em sua tese de Doutorado. A aceitação foi imediata e fez grande sucesso. Ciente do resultado de um trabalho de muita pesquisa e estudos, Alex mostrou ao mundo o Business Model Canvas por meio de seu livro Business Model Generation. A partir de então, o mundo pôde conhecer a metodologia que passou a revolucionar o direcionamento estratégico de modelos de novos empreendimentos.

O modelo que eles consolidaram é uma interpretação do que era usado antes, mas aqui ficou possível criar um conceito bastante claro sobre qualquer interesse. São nove quadros que permitem a você inserir todas as informações sobre os componentes mais importantes da sua proposta: infraestrutura, oferta, eleitores e finanças. O Canvas pode ter outras finalidades. Isso inclui ajudar o candidato a planejar sua campanha.

PLANEJAMENTO ESTRATÉGICO INOVADOR

O Business Model Canvas, surge como uma opção completa de ferramenta de planejamento estratégico, muito mais simples que os planos de campanha tradicionais. O Canvas permite que você possa desenvolver e esboçar diversos modelos de campanha, novos ou existentes, levando em consideração inúmeras variáveis importantíssimas que poderão, ou não, definir o sucesso da sua campanha. Com isso, o Business Model Canvas pode ser aplicado para potencializar as estratégias já existentes, na era digital ou aprimorar o que já estão trazendo bons resultados. Como visto, a modernização e o fortalecimento das campanhas exigem a utilização de algo inteligente e estratégico. Assim, as ferramentas de inovação permitem atingir um diferencial de valoração, qualidade e produtividade jamais alcançado. Porém, isso só é possível por meio da aplicação de tecnologias emergentes no mínimo, da adaptação daquelas já consolidadas.

O Canvas consiste na montagem de um mapa visual pré-formatado contendo nove quadrantes que permitirão uma análise completa da ideia, levando em conta diversos pontos que muitas vezes não são colocados na ponta do lápis ao pensar em uma campanha. As ideias representadas nesses nove blocos formam o conceito base de sua campanha, ou seja, a forma como você irá operar e gerar valor ao eleitorado, definindo seus principais fluxos e processos, permitindo uma análise e visualização do seu modelo de atuação.

Os 9 quadrantes do Canvas

1. Proposta de valor: o que sua eleição vai oferecer para a sociedade que realmente terá valor para os eleitores?
2. Segmento de eleitores: quais eleitores serão foco na sua eleição?
3. Canais: como o eleitor utiliza e recebe seu serviço?
4. Relacionamento com eleitores: de que maneira você se relacionará com cada segmento do eleitorado?
5. Atividades-chaves: quais são as atividades essenciais para que seja possível entregar a Proposta de Valor?
6. Recursos-chave: quais são os recursos necessários para realizar as atividades-chave da sua campanha?
7. Parcerias-chave: quais são as atividades-chave realizadas de maneira terceirizada e os recursos principais adquiridos fora da sua estrutura política?

8. Fluxo de receita: quais são as formas de obter receita por meio da sua proposta de valor?
9. Estrutura de custos: quais são os custos e despesas relevantes e necessários para que a estrutura da sua proposta de valor possa funcionar?

Utilização do Business Model Canvas

É importante lembrar que a estruturação da sua campanha não precisa ser complexa, muito menos definitiva. A principal função do Canvas é permitir que seu modelo fique simples e esteja sempre mudando, para que a evolução seja constante. Permite a visualização de sua campanha tanto por você quanto pela equipe que pode participar do processo de construção. Você consegue uma visão clara sobre quais são os próximos passos e o que é mais interessante estrategicamente. É como se fosse um protótipo de sua campanha, que pode passar por várias versões até ser definitiva. Por envolver todos os participantes em uma só visualização, fica mais fácil entender o papel de cada um na construção da campanha. O Canvas é essencial. Se você vai trabalhar com inovação.

A Estrutura do Canvas

O Canvas tem uma estrutura muito simples e que ajuda os envolvidos nos projetos a terem uma visualização muito prática e objetiva. A proposta é trazer de forma dinâmica todos os pilares de análise da proposta da campanha em um quadro descentralizado. Assim, a linearidade dessa observação é desconstruída, para possibilitar uma avaliação mais intuitiva e criativa. Na prática, o Canvas pode ser feito de diversas formas: uma simples folha de papel, em um quadro, ou até mesmo em arquivos digitais editáveis. Por lá, existem 9 quadrantes que precisam ser preenchidos:

1. Parcerias chave;
2. Atividades chave;
3. Proposta de valor;
4. Recursos chave;
5. Relacionamento;
6. Canais;
7. Segmento de eleitores;
8. Estrutura de custo;
9. Fonte de receita.

COMO ESTRUTURAR SEU MODELO DE INTERESSE

Esses 9 quadrantes do Business Model Canvas devem ser preenchidos adequadamente. Isso garante que a análise e o planejamento do negócio sejam feitos com sucesso.

1. PARCERIAS CHAVE

Aqui, devem ser relacionadas quais as outras pessoas serão parceiras da sua campanha. Geralmente, são serviços necessários para o funcionamento da iniciativa e os fornecedores. Em qualquer planejamento, é fundamental pensar nessas parcerias, já que a atividade em longo prazo depende delas. Assim, relacionar cada uma ajuda a entender de quem a sua campanha vai depender.

Esse tópico tem grande importância na definição de detalhes operacionais simples, mas que devem ser devidamente relacionados. O foco também deve ser somente naquelas parcerias mais importantes e decisivas para sua campanha.

2. ATIVIDADES CHAVE

Cada tipo de interesse tem atividades e demandas principais relacionadas a ele. Se você é um produtor de alimentos, por exemplo, haverá diversas etapas de trabalho para chegar até o produto final. Essas atividades são sempre imprescindíveis para que o modelo de negócio se sustente e funcione adequadamente. Portanto, questione: quais atividades são fundamentais nessa ideia? Nessa etapa, é preciso destrinchar o que seu empreendimento faz. Se ela presta serviços de marketing digital, então, é importante avaliar e relacionar quais são as rotinas fundamentais para o negócio funcionar. O mesmo deve ser feito por produtoras. Nesse caso, as etapas de manufatura devem ser devidamente relacionadas. As atividades gerenciais e de otimização do trabalho também devem ser relacionadas.

3. PROPOSTA DE VALOR

Por qual motivo você está lançando o seu novo serviço no eleitorado? Por que os eleitores do seu segmento vão votar em você? Essas são duas perguntas muito simples, porém, básicas para definir a proposta de valor. Essa etapa do Canvas consiste em definir o que a sua eleição vai propor e levar de interessante a sociedade, ou seja, o objetivo principal como um interesse. Para definir a proposta de valor de maneira adequada e certeira, responda às seguintes perguntas:

- Qual necessidade do eleitor o serviço será capaz de solucionar?
- Qual valor esse serviço terá para essa solução?
- Quais vantagens o serviço é capaz de entregar ao eleitor?

4. RECURSOS CHAVE

Toda nova proposta de serviço necessita de recursos básicos para funcionar. Basicamente, essa etapa do Canvas vai ajudar a definir o que deve ser providenciado para que a campanha seja lançada. O conceito, no entanto, é amplo, não se limitando apenas aos recursos físicos, como um comitê ou gabinete. Além disso, há os recursos intelectuais e a mão de obra de trabalho. Se sua iniciativa é uma fábrica, precisa dispor de galpões, maquinário e ferramentas. Se presta serviços digitais, precisa de sistemas e computadores, assim como criar um site. Avalie a sua campanha e considere esses recursos, sempre lembrando que eles se dividem em quatro categorias: físicos, intelectuais, humanos e financeiros.

5. RELACIONAMENTO

Diferentes tipos de serviços têm necessidades específicas na hora de se relacionar com o seu eleitor. Aqui, o Canvas quer que você pense como será esse contato, sempre tendo em vista o seu modelo de interesse. Algumas atividades demandam um contato mais pessoal, especialmente, quando há negociações, enquanto outras trabalham em modelos menos ativos. Antes de qualquer coisa, o relacionamento tem impacto direto na experiência do eleitor com o sua campanha. Definir exatamente como se dará esse contato pode ajudar seu interesse a se posicionar da forma certa e ter sucesso. Pense no que o eleitor espera em relação ao seu posicionamento e defina como deve ser essa abordagem e contato.

6. SEGMENTO DE ELEITORES

Quem será o eleitor da sua campanha? Para qual persona você vai oferecer seus serviços? Toda atividade tem uma segmentação de mercado específica, ou seja, há um eleitorado bem definido que vai se mostrar interessado. O seu interesse precisa definir, identificar e conhecer profundamente qual é o segmento do eleitorado com o qual vai se comunicar. Nesse processo de identificação do público-alvo, você obterá uma visualização mais clara sobre:

- A comunicação adequada para usar com o eleitorado;
- Como se relaciona com o valor agregado;
- Quais são suas necessidades;
- Quais são seus hábitos.

7. CANAIS

Mais do que nunca, definir os principais canais de comunicação e posicionamento de uma campanha é fundamental nos dias de hoje! Se você já conhece seus eleitores e entende o que pode levar de valor para eles, os canais certos serão a plataforma ideal para transmitir essas ideias e informações. Por elas, você poderá se comunicar, além de captar mais eleitores, fidelizá-los e, como resultado, aumentar a relevância seus votos. Defina quais canais vai usar: Jornais, revistas, rádio, TV são os principais. Não esqueça o proposito principal de livro que é a inovação, onde entra a transformação digital. Nela, as redes sociais, por exemplo, tem alto poder de engajamento. No Canvas, estipule quais serão essas plataformas de relacionamento, sempre avaliando onde fará o contato, a que ponto levará a proposta de valor, em qual canal divulgará a empresa e como cada um deles vai se integrar na sua estratégia.

8. ESTRUTURA DE CUSTO

Aqui, o Canvas dedica uma etapa somente para relacionar todos os custos que o interesse terá, desde sua implementação até o cotidiano operacional. Nesse estágio, é importante pensar no financeiro, ou seja, qual o valor inicial necessário para sua campanha. Após isso, a estrutura de custo se dá na direção de quais serão os investimentos.

9. FONTE DE RECEITA

As fontes de receitas consistem em todas as possibilidades de entrada de sua campanha, naturalmente, proveniente das suas atividades, doações, crowdfunding, etc. No Business Model Canvas, devem ser relacionadas às formas de se obter dinheiro de acordo com o permitido nas campanhas eleitorais. Avalie o que é realmente interessante ao sua campanha, analisando o impacto positivo que essa fonte de receita traria. Agora, você já sabe como fazer uso do Canvas e tem uma estrutura prática e eficiente para isso. O que talvez você ainda não saiba é que é possível implementá-lo com eficiência em outras estratégias inovadoras e digitais.

UMA BOA ORGANIZAÇÃO VISUAL

Um dos pontos fortes de aplicar canvas no planejamento estratégico da campanha é poder ter um mapa visual completo. Para aproveitar esse benefício, é indispensável cuidar da organização visual. O recomendado é ter um mural com uma matriz dos nove quadrantes. Para trazer dinamismo, preencha-os com a ajuda de post-its, que podem ser modificados sem dificuldade. Ao final, faça com que o resultado fique à vista dos colaboradores e seja facilmente acessado. Isso reforçará os aspectos importantes e garantirá o alinhamento de atuação. Utilizar o canvas no planejamento estratégico de campanha é uma maneira de facilitar sua compreensão e atuar de forma ainda mais estratégica.

A Estratégia de Marketing Inovadora das Campanhas de Crescimento Mais Rápido.[6]

---

[6] Sean Ellis – Escritor do Livro Growth Hacking

Crescimento Expressivo

Em inglês **Growth Hacking** é um termo implementado por Sean Ellis. Segundo ele, a definição mais correta é: marketing orientado a experimentos. O objetivo é encontrar oportunidades visando resultados rápidos para o crescimento expressivo. Essa é a obsessão da maioria das campanhas, especialmente aquelas que estão iniciando. Como, então, potencializar esse crescimento? É para isso que serve o Growth Hacking. Expressão que se popularizou nos últimos anos, vem se mostrando uma solução poderosa para fazer as votações crescerem. Trata-se de uma nova forma de pensar o Marketing Digital que coloca as campanhas no caminho dos seus objetivos, de maneira mais rápida e com o menor uso possível de recursos.

O que é Growth Hacking

É uma estratégia que visa o crescimento expressivo e acelerado da campanha com base em práticas melhores a partir da identificação dos seus pontos críticos. Essas estratégias envolvem a realização de experimentos. As equipes elaboram hipóteses, verificam sua validade, fazem testes e, assim, descobrem brechas ou oportunidades que façam a campanha crescer de forma mais inteligente e acelerada. É por isso que o growth hacking é conceituado como o marketing orientado a experimentos por Sean Ellis, profissional que cunhou a expressão e utilizou essa estratégia para acelerar startups que se tornaram gigantes.

Os pontos críticos de um empreendimento, que orientam o growth hacking, são identificados pelos KPIs (Indicador Chave de Performance) que medem seu sucesso, como tráfego, leads e votos. Se o ponto crítico é o tráfego, por exemplo, então o growth hacking transforma esse KPI em experimentos que tenham potencial de atrair mais eleitores para o site com mais eficiência.

Os KPIs vem da sigla em inglês para Key Performance Indicator, ou seja, Indicador-chave de Performance. É uma forma de medir se uma ação ou um conjunto de iniciativas está efetivamente atendendo aos objetivos propostos pela campanha. Existem milhares de indicadores que podem ser medidos. Estamos em uma época em que o fluxo de informação é imenso e constante. O ponto central é saber escolher quais são os indicadores a serem medidos.

Primeiramente, perceba que nem toda técnica mira nos KPIs — muitas campanhas perdem tempo e dinheiro com estratégias que não contribuem para os seus objetivos. **O growth hacking, por outro lado, sempre mira nos objetivos**. Mas o grande diferencial está na obsessão em fazer tudo isso da forma mais rápida e menos custosa possível com o método dos experimentos, que validam as hipóteses.

O growth hacking quer descobrir portas para crescer com menos custos e mais rapidez. **Não é magia**. É preciso investir em ferramentas que permitam realizar os experimentos e automações e montar times que estejam aptos a encontrar as melhores soluções.

As Principais Partes

Objetivo

Definir claramente qual é o objetivo do growth hacking.

Hipótese

Elaborar hipóteses a partir de know-how e intuição dos profissionais.

Experimentos

Realizar testes que comprovem a eficiência da hipótese.

Ferramentas

Utilizar ferramentas de teste, analíticos e automação.

Por que Fazer Growth Hacking

As velhas fórmulas do marketing estão sendo questionadas. Antes, você entrava em contato com os veículos de comunicação tradicional (rádio, jornais, revistas e TV, por exemplo), analisava os custos da publicidade e a afinidade do veículo com seu público, negociava valores e contratava o espaço. Mas quem garantia que o seu anúncio atingiria o número de pessoas que você queria? Ou que você teria o retorno esperado para o seu investimento? A compra de publicidade era feita assim, sem qualquer garantia, o que podia sair muito caro, especialmente para o candidato com orçamentos enxutos. Os questionamentos também começaram a partir do eleitor.

A publicidade tradicional precisa se desdobrar para convencer os eleitores, que não aceitam mais o que os candidatos dizem como verdade absoluta, levam suas críticas para a internet e podem botar todo o investimento a perder. Por isso, investir na publicidade tradicional se tornou inviável para muitos candidatos inovadores, por causa do custo e da rejeição do público. Então, os candidatos buscam novas formas de ter resultados com o marketing digital. E é por isso que o growth hacking ganhou tanta força.

O growth hacking se apresenta como uma solução mais segura para as campanhas, já que pressupõe a realização de experimentos e a análise de dados antes de aplicar estratégias. Elas só são adotadas se os experimentos comprovarem a sua eficiência, ou seja, quando apresentarem soluções mais rápidas e baratas que o marketing tradicional.

A missão do growth hacking é tornar os interesses escaláveis, repetíveis e sustentáveis. Se você está investindo em estratégias sem retorno garantido, que não são transformadas em métodos, que exigem muitas ações manuais e demandam muito tempo e recursos, então seu empreendimento não está fazendo growth hacking.

Muitas vezes, o growth hacking serve para mostrar se um novo serviço é sustentável, de rápido crescimento e seu empreendimento político está no caminho certo, antes de começar a investir pesado em publicidade. Porém, esse tipo de empreendimento geralmente não tem a estrutura interna que propicia os resultados do growth hacking. Então, elas precisam mudar sua cultura organizacional e aproximar-se do ambiente das startups, muito mais flexível, menos hierarquizado e menos burocrático.

O growth hacking demanda uma cultura de experimentos, que incentive o risco e aceite o erro. Afinal, é isto que esse profissional faz: ele assume uma hipótese que pode dar errado, mas que, se for verificada e der certo, pode alavancar os resultados. Isso não quer dizer que a técnica seja um **tiro no escuro**, porque os experimentos só se tornam métodos depois de serem testados e validados. Além disso, também é importante que o time e os profissionais tenham autonomia para tomar decisões. Se precisar passar por toda a hierarquia para aprovar uma ferramenta, um experimento que poderia durar apenas uma semana levaria meses para ser aplicado. Assim, o método perde agilidade e não cumpre sua função. É por isso que geralmente o growth hacking tem mais eficiência em pequenas campanha, muitas vezes da área de tecnologia ou digital.

As Quatro Fases do Crescimento

Growth hacking é processo. Não adianta começar a fazer experimentos sem método e aplicar técnicas sem um propósito. Por isso, vamos apresentar agora as fases desse processo para que você colha resultados mais rápidos e econômicos.

Ajuste do Serviço ao Eleitor

Crie serviços que os eleitores queiram usar: essa é a base do marketing digital e, é claro, do growth hacking. Nesta primeira etapa, o que você precisa fazer é pensar no alinhamento entre serviço e eleitorado. O ajuste do serviço ao eleitor se refere à criação de um serviço desejado pelo eleitor e capaz de satisfazer sua necessidade. Muitas vezes, é essa etapa que explica o fracasso de muitos serviços, que escolhem o eleitorado errado ou são criados sem mirar nas necessidades da sociedade.

Então, para cumprir essa etapa, é preciso entender os eleitores, as suas necessidades e desejos, suas motivações, sua jornada de voto, para então desenvolver serviços que elas queiram ou precisem usar. E não estamos falando necessariamente da criação de um serviço totalmente **disruptivo**. Muitas vezes, uma pequena alteração no que a sua campanha já faz ou no método que já utiliza pode servir para atender as necessidades do eleitorado e trazer resultados incríveis.

Uma técnica usada para verificar se o seu serviço está alinhado aos eleitores é a Regra dos 40%, criada por Sean Ellis. Essa técnica verifica, por meio de um questionário, como os seus eleitores se sentiriam caso o seu serviço deixasse de existir. Se mais de 40% responderem que ficariam "muito desapontados" (em vez de "indiferentes" ou "pouco desapontados"), então você tem Ajuste do Serviço ao Eleitor.

CRESCIMENTO – VOTO, VOTO, VOTO!

A segunda etapa consiste na aplicação. É aqui que o time formula hipóteses, os experimentos começam a ganhar vida e os primeiros eleitores começam a chegar. A intenção é identificar quais mudanças podem gerar resultados mais rápidos e baratos. Para isso, os growth hackers devem olhar para o serviço e, com base em seu know-how e sua intuição, encontrar vulnerabilidades e oportunidades de crescimento. É assim que se formulam as hipóteses: "o que aconteceria se fizéssemos de outra forma? E se adicionássemos um elemento ao serviço? E se usássemos determinada ferramenta no método?".

Escala e Viralização

Growth hacking é uma estratégia de crescimento que procura usar o mínimo de recursos possível. Então, o caminho ideal para isso é fazer com que os seus próprios eleitores se tornem propagadores do seu serviço e recebam algum benefício por isso. Talvez esse estágio seja o mais difícil. Nem toda solução consegue viralizar, mas o sucesso sempre vai depender do **poder do boca a boca**. O que você pode fazer é dar um empurrãozinho para que isso aconteça. Assim, não havia necessidade de investir em anúncios ou marketing tradicional, as própria sociedade faria o trabalho de divulgação.

É nessa fase do experimento, portanto, que ele mostra seu potencial de escalabidade. Depois de rodar um experimento, conquistar os primeiros usuários e ter resultados, é preciso fazê-lo escalar. Com uma base expandida de usuários, você começa também a entender melhor seu público. E quando falamos em ganhar escala, estamos falando de automatizar ações. Um processo escalável não pode ser manual.

Otimização e Retenção

Por fim, você precisa otimizar o serviço para melhorar a usabilidade e satisfazer o eleitorado. O objetivo agora é reter os eleitores que você conquistou para consolidar a base de eleitores. Se isso acontecer, o experimento está finalizado e aprovado. A partir daí, ele pode se tornar um serviço do seu mandato.

Aqui, testes, feedbacks e análise de dados cumprem uma função essencial. Você deve verificar as métricas — de olho nos KPIs, que expliquei antes, para saber como os eleitores estão usando seu serviço, se eles estão voltando para usá-lo e, se não estiverem, por que isso está ocorrendo. Então, com essas informações, otimize continuamente a sua solução para atender as necessidades dos eleitores.

Growth hacking não significa lançar uma ideia, aprová-la e finalizar o trabalho. O processo é de melhoria contínua e exige que você otimize a ideia de tempos em tempos para sempre melhorar a **experiência do eleitor**. Além disso, um experimento finalizado abre portas para outros. O time não pode ficar parado, pois sempre há algum problema esperando por novas ideias para solucioná-lo.

Principais Estratégias de Crescimento

A aplicação de estratégias de growth hacking depende da definição de KPIs, que podem variar de campanha para campanha. Portanto, elas devem ser pensadas especificamente para cada campanha. Mas existem estratégias que costumam funcionar para todo tipo de campanha com resultados expressivos. Confira logo abaixo, quais são as principais estratégias que recomendamos e pense se elas atendem a sua campanha.

Marketing de Referência

O Marketing de Referência conhecido como **Benchmarking** que é tomar como referência um candidato (ou vários) e analisar com profundidade suas técnicas de marketing, redes sociais, entre outras, está no Capítulo 3.

Marketing de Conteúdo

Uma das principais estratégias de crescimento de tráfego. Se você tiver um blog com posts relevantes sobre sua área de atuação, certamente vai receber mais visitantes de forma orgânica e escalável. Porém, apenas o blog não é suficiente para um crescimento rápido e expressivo.

Princípio da Escassez

Esse é um dos principais **Gatilhos Mentais** utilizados no growth hacking, porque consegue motivar os eleitores a usarem logo o serviço. Esse princípio se baseia na ideia de que tudo o que é escasso é mais valioso. Quando um eleitor percebe que um serviço está acabando ou é restrito a apenas algumas pessoas, ele quer logo garantir o seu. Então, o marketing aproveita esse gatilho em suas estratégias para acelerar a aquisição de eleitores, sem gastar mais dinheiro com publicidade. Você também pode usar esse princípio da escassez ao anunciar edições limitadas do seu serviço até determinado prazo. Faça testes e verifique o impacto dessas ações nos seus resultados.

FERRAMENTAS PARA FAZER SUA CAMPANHA CRESCER

Não existem ferramentas de crescimento especificamente. Neste processo, você vai adotar ferramentas que talvez já esteja habituado a usar no marketing tradicional. A diferença é a mentalidade que você vai aplicar ao utilizá-las.

As ferramentas que você vai utilizar dependem dos experimentos que você vai propor. Talvez você foque na área de SEO e precise de ferramentas de análise de palavras-chave e de concorrência, como Google Search Console. Você focar na área de social media, ferramentas de gestão e automação, como a Hootsuite. Para e-mail marketing, ferramentas de disparos como MailChimp.

Tudo vai depender da área do experimento que você vai realizar. Mas algumas ferramentas são inevitáveis: você vai precisar de ferramentas de testes e análise de dados, que são intrínsecos ao growth hacking. Para realizar testes, o Google oferece uma ferramenta super útil: o Google Optimize. Ele permite otimizar qualquer elemento HTML de uma página, como blog posts, CTAs, landing pages, imagens e formulários.

Talvez você pense que algumas dessas ferramentas são muito caras e prejudicam a ideia de conseguir resultados mais baratos com o growth hacking.

Nesse caso, você precisa avaliar o orçamento da sua campanha e o retorno previsto para saber o que vale a pena. Mas certamente vai ser mais barato que colocar uma publicidade nos rádios, revistas, jornais e na TV.

Agora você já sabe como funciona o growth hacking. Lembre-se de que não se trata de **truque de mágica**. O growth hacker é um profissional curioso, criativo e analítico, que quer encontrar as oportunidades que ninguém percebeu antes para acelerar o crescimento de sua campanha.

CAPÍTULO 6 - ELEITOR NO CENTRO DAS DECISÕES

A Arte de Chegar ao Futuro com Inovação, é Rompendo com Antigas Ideias.[7]

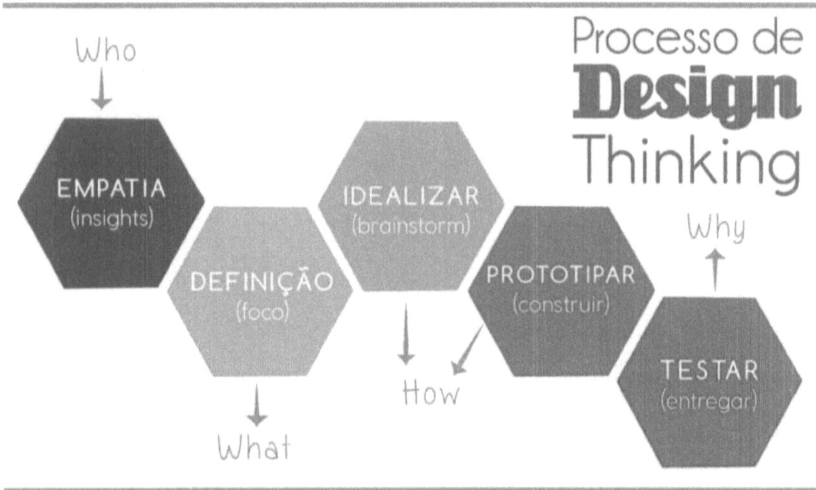

---

[7] Roberto Pires de Rodrigues

O Design Thinking

Uma metodologia poderosa para decretar o fim das antigas ideais, que visa resolver problemas complexos, sempre focado nas pessoas. Para tanto, se utiliza da criatividade e uma time multidisciplinar.

É fácil perceber a dinâmica com que a sociedade tem se movimentado, na busca de satisfazer as necessidades e os desejos dos eleitores, os candidatos precisam melhorar a sua prestação serviços de forma constante. No entanto, para atingir tal resultado é necessário, também, entender quais os recursos que existem e combiná-los para que as competências, ao serem cruzadas e somadas, possam fortalecer o potencial criativo e de impacto das criações.

Isso porque o tempo entre o lançamento de sua campanha está cada vez mais curto, o que exige mais dos colaboradores pelo desenvolvimento de propostas, tendo em vista que qualquer serviço precisa ser atraente e relevante sob o ponto de vista do eleitor. Assim, a abordagem Design Thinking chega para resolver esse gargalo e pressão competitiva, uma vez que organiza a realização contínua de crescimento e o potencializa, fazendo com sua campanha aumentem suas chances de sucesso.

O Design Thinking é uma abordagem, um norte, uma maneira de agir. O objetivo é resolver problemas complexos com o foco nas pessoas. Para tanto, soma profissionais com competências diferentes, cujo resultado se torna positivo a partir de um objetivo comum e, realmente, assumido por todos: entender e atender o eleitor em potencial.

Através do todas as suas etapas, potencializa o impacto das soluções geradas por eles em tempo, efetividade e rentabilidade. Isso porque alinha o olhar de todos para o eleitor, a fim de que o compreendam pela perspectiva dele e, com as competências profissionais diversas, criem soluções completas nas quais esse público enxergue valor e sentido dentro de seus próprios parâmetros.

O crédito é dado aos profissionais David Keller e Tim Brown da empresa de consultoria em inovação IDEO e data do início dos anos 90, que passaram a resolver os problemas de seus eleitores de forma holística, por meio de projetos que trabalhavam o olhar, a criatividade, a curiosidade e o aprendizado para gerar soluções. Assim, a ideia é criar algo funcional e encantador, uma mistura de simplicidade com eficácia, a partir de um olhar holístico, um tour 360° sobre o que a solução pode entregar e, dentre as possibilidades identificadas, quais realmente cativam o consumidor e conseguem ser integradas em uma experiência positiva e encantadora.

SAINDO DA ZONA DE CONFORTO

A missão de integrar pessoas, por si só, já é um desafio. Quando são de áreas diferentes e, portanto, perfis distintos, com a ambiciosa meta de criar soluções inovadoras e revolucionárias, chega a parecer presunção de que dará certo de alguma forma. Para superar as resistências inerentes à condição humana como o comodismo, o status quo, a insegurança, a inveja e a necessidade de reconhecimento, são necessários valores sólidos, internalizados pelos envolvidos e reforçados constantemente.

Como Funciona o Design Thinking

O Design Thinking funciona como a prática da empatia para desenvolver um projeto. Você se coloca no lugar de outras pessoas para gerar soluções criativas para resolver os problemas que elas têm. Também ajuda a identificar barreiras de usabilidade ou consumo e a criar alternativas para superá-las. Tudo isso a partir de um entendimento sobre a experiência cultural, visão de mundo e processos de vida delas.

O Design Thinking se estrutura em três pilares

Empatia

A capacidade de deixar os pré-julgamentos e se abster das convicções pessoais, a fim de enxergar os contextos pelos olhos de quem os vivencia diariamente. Assim se consegue, de fato, compreender as pessoas. Essa característica é essencialmente utilizada na imersão com o público, a fim de que as soluções desenvolvidas possam trazer valor para a realidade dele e não para o que se acreditava ser melhor para ele.

COLABORAÇÃO

Um mesmo fato gera impressões e interpretações diferentes. Por isso a necessidade de ter profissionais multidisciplinares na aplicação do Design Thinking, uma vez que a variedade de perspectivas enriquece e aprofunda a discussão e a criação. Na colaboração se equilibra o falar e o ouvir, pois é uma construção. O olhar de um é somado ao de outro para criar uma terceira alternativa.

EXPERIMENTAÇÃO

Nada e nem ninguém está blindado pela certeza do sucesso e, ainda que haja muito esforço envolvido, pode ser que, na prática, a aceitação da solução pelo consumidor fique aquém do esperado. Portanto, a experimentação visa errar o mais cedo possível, mitigar as verdades absolutas e as ideias apaixonadas. Experimenta-se para ver se tem chance de dar certo.

O QUE BUSCA A ABORDAGEM DO DESIGN THINKING

O Design Thinking procura pela essência, o singular, a compreensão que possa revolucionar negócios, processos, produtos e serviços ao gerar um ciclo virtuoso de inovação e aprendizado. Por isso é uma abordagem determinada a entender e atender o perfil do eleitor e insiste em questionar o que já está estabelecido, visando melhores respostas a partir da identificação dos desejos e problemas do perfil do eleitor. Diferente da matemática, que não nos oferece mais e mais fórmulas prontas. Não é uma metodologia, mas um jeito criativo e inovador de olhar para os negócios uma forma de estudar as necessidades humanas para propor soluções.

COMO APLICAR AS PRÁTICAS NA MINHA CAMPANHA

Considerando que cada candidato tem uma cultura e características diferentes, o Design Thinking pode ser aplicado a qualquer contexto. Pode, inclusive, ser adaptado à realidade da campanha. No entanto, o que você precisa ter em mente é que o objetivo do Design Thinking é resolver o problema de um certo eleitorado. Então, todas as etapas que vimos até aqui devem ser lembradas, mas, principalmente, a primeira: empatia e compreensão. Para ter sucesso no uso dessa abordagem criativa e inovadora, evite fazer isso sozinho. Procure envolver profissionais especializados em diferentes áreas para enxergar a situação de diferentes ângulos.

VANTAGENS DO DESIGN THINKING

O Design Thinking traz inúmeros ganhos para candidatos e eleitores pois, a partir deles os profissionais passam a desenvolver competências valiosas, principalmente quando observamos a longo prazo, em termos de profissional do futuro.

COMUNICAÇÃO

A troca de informações, construção de alternativas e abertura ao erro proporcionam uma melhor comunicação entre os profissionais que não se sentem inibidos, mas encorajados a falar, contribuir e ouvir.

Ambiente Organizacional

Ao criar um ambiente de empatia, colaboração e experimentação, muitos sentimentos são reorganizados e trabalhados a fim de aumentar a produtividade dos profissionais que, através da abordagem, passam a utilizar as emoções a favor do processo criativo, uma vez que é necessário colocar em prática, interagir de maneira eficiente (habilidades sociais), ter autoconhecimento (e assim contribuir com o seu melhor e estar disposto a aprender com os demais naquilo que pode ser melhorado), automotivação e empatia. Assim, fomenta-se a inteligência emocional, e cria-se um ambiente estimulante, agradável, favorável à inovação.

Satisfação e Fidelização

Profissionais com atenção total no eleitor tem a capacidade de melhor atendê-los pois, de fato, se preocupam e entendem os problemas que a persona enfrenta.

Visão Sistêmica

A abordagem traz a humanização sem perder o olhar para os resultado, o que demanda que o profissional tenha visão macro e micro de toda a cadeia, a fim de encontrar caminhos que melhor beneficie e atenda aos propósitos traçados.

ADAPTABILIDADE

Mudanças costumam ser mal recebidas pelas pessoas. No entanto essa resistência é diariamente combatida na abordagem Design Thinking que anseia pelo inédito. Assim, os profissionais se tornam flexíveis, adaptáveis, ainda que não percam o senso crítico para identificar e testar o real valor das ideias.

ENGAJAMENTO

O propósito e a abertura proporcionados pela abordagem Design Thinking trazem a liberdade e incentivam o potencial dos profissionais, o que faz com que sintam que estão se desenvolvendo, sendo ouvidos a partir de algo que vale a pena.

PARA QUE SERVE O DESIGN THINKING

O Design Thinking serve para solucionar problemas complexos, gerando valor para o eleitor, com propósito e impacto no cotidiano dele. Além disso, ajuda a resolver problemas de rentabilidade, pois a abordagem otimiza a utilização do capital intelectual, acelera o processo de criação, diminui riscos e gera criações inovadoras. O Design Thinking é estratégico por natureza, pois aprimora todas as etapas e integra as partes envolvidas no negócio.

Como aplicar o Design Thinking

É preciso que haja um objetivo claro no qual o Design Thinking se debruce, assim como é preciso que haja profissionais complementares para ter pluralidade na interpretação das informações e nas sugestões e criação da solução.

Tendo em vista esses três fatores iniciais, há a necessidade de uma liderança que preze pelo ambiente colaborativo, aberto a sugestões e, mais do que tolerante, incentivador dos erros, pois quanto antes eles forem identificados, mais rápido poderão ser corrigidos, melhorando a entrega para o eleitor. Erros e feedbacks são as melhores fontes de aprendizado do processo da campanha.

Quais são os técnicas do Design Thinking

Para concluir o objetivo e conquistar todos os benefícios que surgem com o Design Thinking existem três técnicas na utilização da abordagem: imersão, ideação e prototipação.

Na Imersão

Se realiza o aprofundamento sobre o problema e o perfil do eleitor em potencial, a fim de encontrar preferências e singularidades que tornem as necessidades ou solução sob medida, a fim de gerar aceitação e engajamento.

Na Ideação

Consiste em criar ideias e sugestões, sem medo de errar. Em muitas campanhas eleitorais, é quando acontece a reunião de brainstorming para que uma equipe multidisciplinar se reúna e pense em conjunto. É a transformação das informações colhidas em insights para as possíveis soluções ao problema identificado, tendo em vista a viabilidade, relevância e escalabilidade da criação.

NA PROTOTIPAÇÃO

É uma das fases mais empolgantes do Design Thinking: experimentar os protótipos e entender qual deles faz mais sentido. Ao chegar aqui, você provavelmente está ansioso para saber como aplicar o Design Thinking. Então, quero lembrar de um ponto fundamental para qualquer estratégia: não se trata de uma abordagem linear. Ou seja, não segue uma ordem específica. O que quero dizer com isso é que as etapas não precisam ser seguidas exatamente na ordem que coloquei ali em cima. Sentiu a necessidade de voltar para uma etapa anterior e colher mais informações sobre o problema dos stakeholders. Volte sem peso na consciência.

FORMADO POR SETE ETAPAS

ENTENDIMENTO

Momento inicial tanto para a organização da equipe, a fim de estabelecer como será o trabalho dos próximos dias, as regras de convivência, cronograma e demais fatores que interfiram no decorrer da construção da solução. Definidos os parâmetros, é hora de iniciar o levantamento de dados disponíveis sobre o problema, o contexto, o perfil associado. A ideia é aprofundar ao máximo para que seja possível que todos se desapeguem das ideias pré-existentes e possam se concentrar em fatos concretos e iniciar o processo de empatia.

OBSERVAÇÃO

A observação acontece a campo, momento em que os profissionais se inserem no contexto das propostas, em meio às pessoas e locais em que ele estará inserido e se apegam aos detalhes. Aqui a ideia é identificar possíveis problemas que a solução poderá resolver, entender os requisitos que precisa atender para conseguir ser atraente o suficiente para ser comprado e quais atributos precisam ter. O foco está nos eleitores que precisam ser atentamente observados e entrevistados, um entendimento abrangente sobre o estilo de vida, aspectos emocionais, sociais, culturais e econômicos.

PONTO DE VISTA

Etapa em que cada integrante compartilha as impressões, problemas e informações mais relevantes que obteve da ida a campo e que julga mais importante para a construção da solução. Esta é a oportunidade dos profissionais aprenderem uns com os outros a partir dos olhares que cada um lança sobre o contexto em questão e, juntos, definir o problema a ser sanado.

IDEAÇÃO

Ao combinar a racionalidade da campanha com a criatividade e a humanização, a ideação é a fase em que o projeto começa a ganhar forma, pois é nessa fase que as soluções passam a ser cogitadas e discutidas. Aqui é preciso que haja o envolvimento e liberdade de expressão a todos, pois não é o momento de julgar as ideias, mas de criá-las apenas. Por isso, a inibição, deboche, distrações e estrelismos precisam ser desencorajados.

PROTOTIPAGEM

É a hora de dar vida ao projeto. Após escolher qual a melhor solução e atributos que terá, é preciso criar a versão que passe a experiência mais próxima da realidade, pois, potenciais eleitores terão contato com ela. Antes do teste, no entanto, é preciso delimitar alguns pontos importantes como os objetivos dessa avaliação, quais perguntas precisam ser respondidas a partir dela.

TESTE

A hora da verdade e também do desapego, pois, muitos pontos que até então pareciam imutáveis podem se apresentar inúteis frente a perspectiva dos eleitores, assim como pontos de melhoria certamente serão identificados. É o momento de abertura total e aprendizado, ouvidos e olhos atentos para qualquer sinal de satisfação ou insatisfação, a fim de gerar otimizações, além de enxergar oportunidades, até então, não trabalhadas no projeto.

ITERAÇÃO

Receber feedback nem sempre é fácil, mas necessário, sem dúvida! Ouvir e aprofundar as questões, para entender, ao máximo, as insatisfações. Em seguida é preciso processar toda a informação colhida, definir o que fica, o que sai, o que precisa melhorar e ser integrado na solução.

Capítulo 7 – Aumente sua Votação

Não é preciso ter olhos abertos para ver o sol, nem é preciso ter ouvidos afiados para ouvir o trovão. Para ser vitorioso você precisa ver o que não está visível.[8]

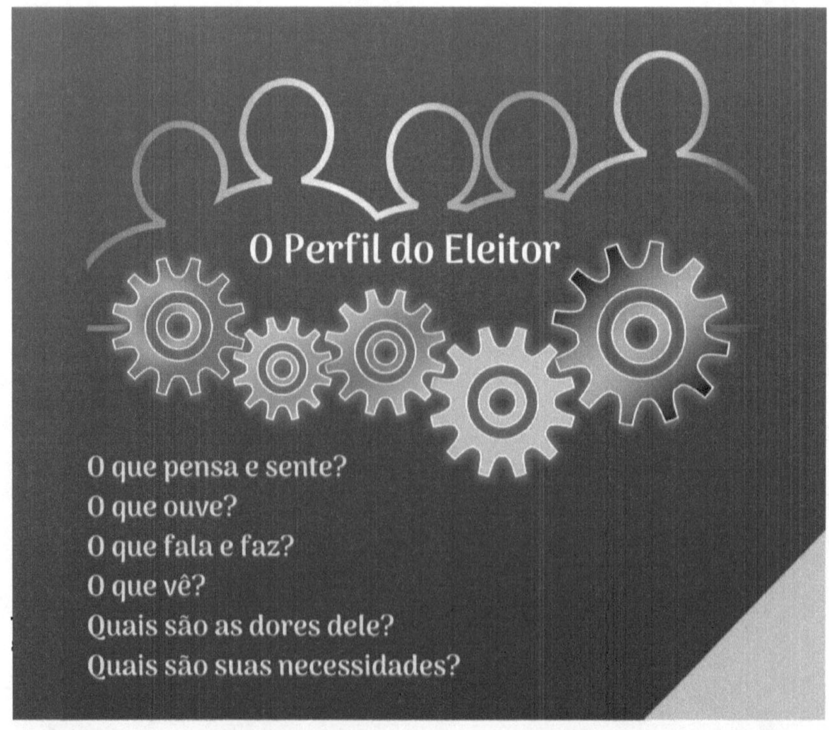

A PROPOSTA DO MAPA DE EMPATIA

É entender o que o eleitor pensa e sente, o que fala e faz, além do que ele escuta e vê. Paralelo a isso você também elenca quais são suas dores e objetivos. Essa ferramenta foi desenvolvida pela empresa XPLANE, uma consultoria de design focada em alinhar e engajar grandes organizações para acelerar os resultados.

O mapa da empatia, traçar, de fato, o perfil do seu eleitor. Depois de entender esse olhar, de quem está fora de sua campanha, é válido aperfeiçoar tanto as ações e serviços, quanto a comunicação da marca. Além do mais, o mapa da empatia pode ser aplicado em diversas situações, tanto para criar uma startup, um site ou uma loja virtual. Partindo da análise proposta pela ferramenta você certamente poderá promover uma boa experiência ao usuário. Essa ferramenta permite externalizar o conhecimento sobre os indivíduos a fim de criar um "entendimento" compartilhado de suas maiores necessidades e, a partir disso, prover soluções personalizadas. Essa é uma das ferramentas de inovação mais relevantes para auxiliar na tomada de decisão: ela facilita o trabalho das equipes e permite uma compreensão mais profunda e empática baseada nas características de outros indivíduos. Os Mapas de Empatia podem ser elaborados de acordo com a necessidade de cada setor e variar em formas e tamanhos. Entretanto, há elementos básicos comuns, como o pensar, ver, fazer e sentir — que ajudam na aplicação dessa estratégia. Enxergar além do óbvio é um dos ingredientes para que uma possa ter sucesso na vida. Nisso, se inclui perceber as nuances de onde pode se sair vitorioso, onde terá oportunidades e quando criar as suas.

O que é o Mapa de Empatia

O mapa de empatia nas eleições tem como objetivo de auxiliar profissionais de marketing eleitoral entenderem melhor o comportamento dos eleitores com base em seis quadrantes. Assim, por meio de uma quadro esquemático, fica mais fácil organizar as informações e conhecer o perfil de seus eleitores para, assim, ter condições de atender suas necessidades. Dessa forma, você terá mais subsídios para criar discursos e argumentações, definir ações eleitorais, criar materiais, escolher canais de divulgação e de contato com eleitores e até para o candidatos desenvolver novas propostas e serviços para a comunidade. Assim, você poderia oferecer exatamente o que eles desejam e precisam e, consequentemente, teria mais chances de conquistar os votos. Ficou claro para você o que é quadro de empatia, Então, veja como dominar esse conhecimento que irá ajudar nos resultados de sua eleição.

Os Seis Quadrantes do Quadro de Empatia

1. O que pensa e sente?
2. O que ouve?
3. O que fala e faz?
4. O que vê?

5. Quais são as dores dele?
6. Quais são suas necessidades?

Cada quadrante é composto pelas respostas a esses perguntas, com ajuda de algumas perguntas extras, entre 4 e 6 para cada uma das perguntas principais. E a busca pelas respostas é uma ótima atividade para se desenvolver com trabalho de sua equipe. Veja como é um quadro de empatia e os campos que você deve preencher para organizar as informações sobre o perfil de seu eleitor.

CRIANDO UM MAPA DE EMPATIA

Não é difícil entender como criar um mapa de empatia. O que você deve fazer é responder as perguntas abaixo em referência a cada quadrante. Note que para ajudar você responder a pergunta principal existem outras perguntas que vão tornar as informações bem mais específicas. Assim, seu perfil dos eleitores será mais detalhado e próximo da realidade.

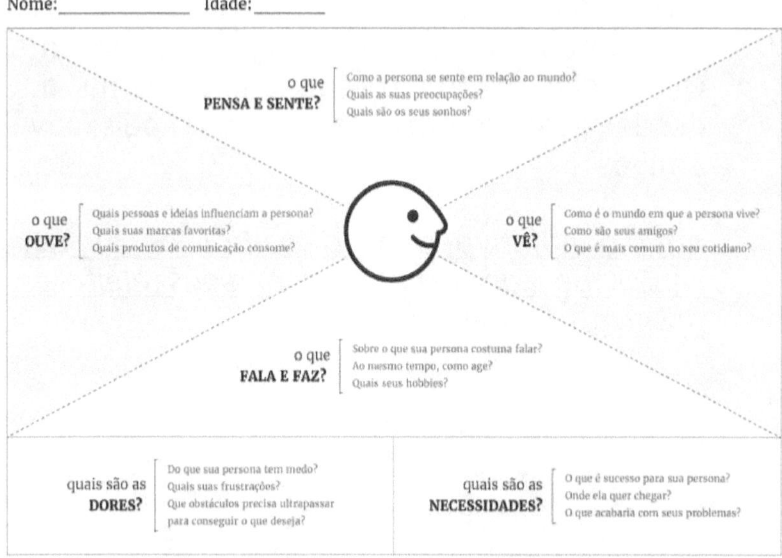

NO QUADRANTE O QUE PENSA E SENTE, BUSCA-SE ENTENDER:

1. Como a persona se sente em relação ao mundo?
2. Quais são as suas preocupações?
3. Quais são os seus sonhos?
4. Quais são as ideias mais importantes que ela pensa e não diz? (O que se passa na cabeça dela?)
5. Como ela se sente em relação à vida? (Está fazendo o que deseja? É feliz?)

Note aqui você está traçando um perfil mais comportamental.

NO QUADRANTE O QUE OUVE, ESTAS INFORMAÇÕES QUE DEVEM SER LEVANTADAS:

1. Quais pessoas e ideias influenciam a persona?
2. Quais são as marcas favoritas dela? O que dizem essas marcas? Têm estilo mais relaxado ou arrumadinho?
3. Quais produtos de comunicação ela consome?
4. Quais são as frases que ela costuma ouvir desde quando era criança (dos pais, avós, amigos)?

Aqui o objetivo é de descobrir os melhores canais de comunicação com seus eleitores e possíveis influenciadores.

1. Sobre o que sua persona costuma falar?
2. Ao mesmo tempo, como ela age? (É impulsiva ou pensa bastante antes de tomar alguma decisão?)
3. As atitudes da persona estão alinhadas ao que ela fala?
4. Quais são os hobbies dela?
5. Como é a aparência desta persona (como ela se veste, como se porta etc.)?

PARA SABER O QUE VÊ, É POSSÍVEL PERGUNTAR, POR EXEMPLO:

1. O que ela vê no mercado?
2. O que ela vê no ambiente ao redor?
3. O que ela vê os outros dizendo e fazendo?
4. O que ela está assistindo e lendo?
5. Quais redes sociais está acessando?

   Agora, é vai saber os assuntos que mais interessam ao seu cliente.

JÁ PARA SABER QUAIS SÃO AS DORES, DEVE-SE PERGUNTAR, DENTRE OUTRAS COISAS:

1. Do que sua persona tem medo?
2. Quais são as frustrações dela? (Não conseguir realizar algum sonho? Trabalhar muito e ter pouco dinheiro? Não conseguir economizar?)
3. Que obstáculos ela precisa ultrapassar para conseguir o que deseja?

4. O que ela gostaria de mudar na vida dela?
5. Que riscos teme assumir?

POR FIM, PARA ENTENDER QUAIS SÃO SUAS NECESSIDADES, É IMPORTANTE SABER:

1. O que é sucesso para sua persona?
2. Onde ela quer chegar?
3. O que acabaria com seus problemas?
4. Que tipo de coisa ela precisa para se sentir melhor? (Dias de descanso? Viagem? Visitar a família e os amigos?)
5. O que tem feito para ser feliz?

As dores são os problemas e necessidades dos eleitores que eles querem resolver. Ao descobrir isso você poderá definir como a solução de sua equipe os ajuda a se livrarem de suas dores. Portanto, depois de coletar todas essas respostas, coloque-as no mapa de empatia para ter uma visão panorâmica do perfil de seus eleitores.

CAPÍTULO 8 – FINANCIE OBJETIVOS ELEITORAIS

O Caminho para a Inovação é financiar pessoas e Apreender fatos Básicos[9]

Financiamento Coletivo nas Eleições

O termo **Crowdfunding** foi criado recentemente, em 2006, e, apesar de poder representar esse conceito mais amplo, é muito mais utilizado quando falamos sobre projetos/empresas financiados de forma coletiva (várias pessoas contribuindo) por meio de uma plataforma online.

Talvez a diferença seja que a vaquinha tem como meta arrecadar dinheiro para um objetivo, uma realização de uma pessoa ou do grupo que contribui com a vaquinha, sendo que esse objetivo geralmente está relacionado ao consumo (comprar um presente para um amigo, uma geladeira para o escritório e por aí vai).

Um projeto de crowdfunding tem um objetivo que extrapola o conceito de vaquinha: criar uma obra de arte, iniciar uma empresa. O retorno não é para o grupo específico, mas para a sociedade.

A partir de 2017, com a reforma política, se tornou possível o financiamento coletivo nas eleições. Tendo a ideia de cooperação através da famosa "vaquinha", o financiamento coletivo é, dessa forma, voltado para aqueles que possuem algum projeto que necessita de um volume alto de dinheiro e que, sozinho, o idealizador não conseguirá captá-lo.

Visando regulamentar a arrecadação e doação de recursos para as eleições, foi elaborada a Resolução nº23.553 de 18 de dezembro de 2017. Nela, existem alguns nortes, tanto para o partido e candidato.

COMO FUNCIONA O FINANCIAMENTO COLETIVO

A princípio, o crowdfunding é, geralmente, feito pela internet, por meio de plataformas específicas. O criador do projeto disponibiliza informações como a meta de arrecadação e tempo, além de informações sobre o projeto. Além disso, caso a meta seja alcançada o projeto é realizado, caso ocorra o contrário, o dinheiro volta para o doador. São várias empresas conhecidas internacionalmente que fizeram ou fazem uso do financiamento coletivo, a própria wikipédia é uma delas. As novas startups fazem muito o uso desta ferramenta, mas o leque de projetos possíveis é extenso. Desde a criação de uma biografia a um protótipo revolucionário de carro, por exemplo. Alguns criadores, após o desenvolvimento dos projetos, até beneficiam os doadores com brindes, bem como descontos e afins.

VANTAGENS E DESVANTAGENS DO FINANCIAMENTO COLETIVO

A ideia de financiamento coletivo de campanha nas eleições 2020 surge para que candidatos e partidos possam captar recursos em suas campanhas. A princípio, assim como qualquer outra ferramenta, o crowdfunding possui vantagens e desvantagens.

Vantagens

Existe a possibilidade de utilizar cartões de débito e de crédito para doações feitas por pessoa física;

Possibilidade de contribuir com causas que o eleitor/doador considera nobres;

O dinheiro que não for usado em campanhas é devolvido ao tesouro nacional, que, dentre outras coisas, pagar dívidas públicas. Não permite o uso de moedas virtuais nas transações.

Desvantagens

Não é permitido o uso de nenhum tipo de moeda virtual nas doações;

Diferente do crowdfunding comum, os recursos obtidos que não forem utilizados na campanha, não voltam para o cidadão de forma direta. A menos que o candidato não valide sua candidatura no Tribunal Superior Eleitoral.

Doações de pessoas físicas são de, no máximo, 10% dos rendimentos brutos (todo o dinheiro recebido) do ano anterior à eleição.

Os Candidatos e o Financiamento Coletivo

Algumas vezes, o próprio candidato tem os recursos necessários para realizar projetos inovadores. Outras vezes, o candidato reúne familiares, amigos e apoiadores para que ajudem a financiar sua campanha.

A internet pode ser uma excelente aliada na hora de buscar alternativas de financiamento para realizar esses projetos que estão no papel. Por meio de plataformas colaborativas, candidatos ou equipes já estão cadastrando seus projetos e conquistando o apoio de diversos colaboradores para a sua realização.

O crowdfunding segue a dinâmica da vaquinha, ao partir do princípio de que pessoas colaboram e, juntas, realizam o que antes não poderiam fazer sozinhas. A diferença é que, agora, essa modalidade é potencializada pela internet. Não existe nada de mágico nesse processo, é apenas uma forma poderosa de realização e de engajamento de pessoas.

Começaria com uma definição mais ampla, no seu sentido mais literal e abrangente: crowdfunding é o financiamento de uma iniciativa a partir da colaboração de um grupo (pode ser pequeno ou muito grande) de pessoas que investem recursos financeiros nela. Se você pegar essa definição, a vaquinha também se encaixa.

Alguns problemas estruturais da sociedade motivaram o nascimento de novos mercados, principalmente dos que privilegiam a cooperação entre as pessoas. Nesse novo cenário, o crowdfunding surge como uma alternativa de captação de recursos mais colaborativa, participativa e poderosa.

As formas tradicionais de financiamento não davam conta de abarcar todos os tipos de projeto que precisavam de dinheiro, seja porque o projeto poderia requerer poucos recursos – e o financiamento público não dá conta disso –, seja porque o candidato quer mais independência do que uma forma tradicional de captação pode oferecer.

Além disso, o avanço da internet, principalmente após as ferramentas de interação terem se consolidado, facilitou que uma boa ideia/projeto se espalhasse para muito mais gente do que a rede de pessoas próximas, extrapolando os limites geográficos que restringiam de onde viria o financiamento.

Há uma dinâmica que os principais sites de crowdfunding seguem que são a relação de pedidos e recompensas; o fato de ser tudo ou nada (se não arrecadar o valor mínimo do pedido no tempo estipulado, o dinheiro volta pra mão das pessoas que contribuíram); e a possibilidade de ser tudo em tempo real, online.

Porém, as plataformas se viabilizam cobrando de 5 a 15% de comissão dos projetos. Como diferencial, a Benfeitoria foi a primeira a não cobrar comissão, além de aceitar pedidos não financeiros.

Há várias plataformas diferentes. No Brasil, destacam-se as de crowdfunding em geral e as de nicho. O primeiro tipo são sites mais amplos que aceitam projetos diversos.

Normalmente, tem-se uma curadoria para avaliar os projetos que podem entrar no site. Em seguida, são definidos o prazo de captação, a meta financeira e as recompensas (produtos e serviços oferecidos para quem apoiar o projeto, de acordo com o valor colaborado). Se o projeto atinge a meta no prazo estipulado, ele é considerado bem-sucedido, e o realizador recebe o dinheiro. Se não, o valor é devolvido para os apoiadores ou tesouro nacional.

Não existe uma estratégia padrão. Cada projeto tem a sua singularidade. É preciso ter em mente que o dinheiro não cai do céu. A parte da campanha no site é só uma das etapas. É preciso ensinar às pessoas o que é crowdfunding e transformar os colaboradores em evangelistas que divulguem o projeto junto com você.

DICAS PARA UMA CAMPANHA DE SUCESSO

Personalize sua página com fotos e informações importantes sobre você. As imagens dizem mais que mil palavras, inclua fotos na sua página de arrecadação e escreva sobre sua formação, trabalho, família, atividades públicas, bandeiras que defende e tudo mais que entender importante. O crowdfunding com imagens e informações detalhadas arrecadam muito mais.

a) Comece a divulgar sua vaquinha pelos familiares e amigos. Campanhas que já receberam doações tendem a receber muito mais. Por isso, comece sua divulgação pelos seus familiares e amigos mais próximos.

b) Não tenha receio de pedir ajuda as pessoas sabem que é importante financiar sua campanha eleitoral, sob pena de ser governado por alguém que não a representará. Por isso, não tenha medo ou receio de pedir doações.

c) Divulgue o máximo que puder, enviando o seu link de sua página para contatos de WhatsApp, redes sociais e e-mail. Divulgue também em seu site pessoal e peça para seus familiares, amigos e apoiadores fazerem o mesmo. Divulgue pelo menos uma vez a cada dois dias seu pedido de doação, não esquecendo de enviar junto o link de sua página.

d) Aproveite o início do mês para impulsionar sua vaquinha, porque normalmente as pessoas recebem seus salários no início de cada mês, este é o melhor período para pedir doação. Use de todos os meios que você tem para divulgar. Se possível, faça um anúncio pago nas suas redes sociais e alcance ainda mais pessoas.

e) Nas reuniões e encontros presenciais, você deve aproveitar as reuniões de campanha, do partido e até mesmo de trabalho para pedir doações. Faça o mesmo nos encontros com amigos, vizinhos ou mesmo desconhecidos. Para facilitar, adicione-os em suas redes sociais ou WhatsApp e envie o link da vaquinha online ou um panfleto com seu QR code ao final da reunião, ou entregue a eles cartões de visita com suas redes sociais, o link e o QR code.

f) Trace metas totais, mensais e diárias para que você tem até o dia da eleição para receber doações. Tenha em mente qual valor precisará e não desanime se ele for muito alto. Quando você planeja receber uma pequena quantia por dia, tudo fica fácil e possível.

g) Você merece, não esqueça de divulgar porque você merece receber as doações, presencialmente ou por meio de vídeo enviado por WhatsApp ou postado nas redes sociais. Os doadores precisam saber qual é a sua causa para contribuir em sua campanha.

h) Agradeça pessoalmente cada um dos doadores, de preferência pessoalmente. Mostrar gratidão tem um efeito incrível. O doador se sente feliz e recompensado, tornando-se muitas vezes um multiplicador da campanha.

i) Nunca esqueça de atualizar frequentemente sua página de campanha, pois é fundamental para dar credibilidade e estimular as pessoas a doarem mais ou tornarem-se multiplicadores de sua causa.

j) A reta final é o momento em que você deve comemorar o resultado já alcançado, agradecer novamente a quem já doou e divulgar ainda mais a sua campanha. Faça uma contagem regressiva na última semana. A urgência faz com que as pessoas se engajem mais e tenham mais vontade de doar. A maior parte das doações acontecem no início e no final da campanha.

k) Nunca desista, muitas vezes o início da campanha é difícil, mas não desistir de sua campanha é muito importante! Insista, divulgue e compartilhe, ainda que muitas pessoas estejam negando ajuda. Pode ser que elas não possam contribuir agora, mas podem se tornar apoiadoras no futuro.

CAPÍTULO 9 – O CANDIDATO INOVADOR

A Política é quase tão excitante quanto a Guerra, e quase tão perigosa. Na Guerra, você é morto uma vez mas em política, várias vezes.[10]

[10] Winston Leonard Spencer Churchill

O Candidato em Prática

As eleições estão chegando é quando as ruas são invadidas por santinhos e cavaletes, e as redes sociais se tornam uma verdadeira zona de campanha ideológica. Não sei você, mas eu gosto muito de acompanhar o processo eleitoral. Não porque me envolvo na defesa de um candidato ou partido, mas para aprender com o marketing eleitoral. Você já parou para pensar como uma campanha eleitoral é um verdadeiro ciclo de ideias.

Veja bem, um político nada mais é que um vendedor tentando emplacar o seu produto. Ele vai atrás do prospecto e tenta convertê-lo a todo custo. E fechar a venda é mais difícil já que, nesse caso, o produto é ele mesmo. Além de exemplificar um ciclo de vendas, as eleições estão se tornando ainda mais interessantes porque passaram a contar com um grande diferencial, que é o fator internet.

O marketing eleitoral existe há centenas de anos, mas o marketing eleitoral digital é uma coisa muito nova. Barack Obama foi o primeiro a explorar as plataformas digitais, em 2008. Sua estratégia para conseguir apoiadores usando lista de e-mails e virais foi tão assertiva que hoje serve de modelo para marqueteiros de todo o mundo. No Brasil ainda não temos um case de sucesso como esse, mas isso não significa que não podemos aprender nada com as eleições daqui.

SEGMENTE ELEITORES E PRODUZA CONTEÚDO RELEVANTE

Imagine que você é candidato à prefeitura de sua cidade. Uma cidade é formada por milhares e até milhões de cidadãos. Como político, o que você faria para conversar com todos esses eleitores? É uma tarefa bastante difícil, não é mesmo? O que estou tentando dizer é que não dá para conversar com todo mundo, você precisa segmentar. Primeiramente porque nem todo mundo é seu eleitor em potencial. Existem militantes de outros candidatos, com os quais você pode interagir, mas que não vão converter em votos.

Em segundo, porque você vai falhar se tentar falar com todos. Não existe uma mensagem universal, não se engane. Quem está focado em todo mundo na verdade não está focado em ninguém. Por isso a importância de segmentar personas e mandar a mensagem certa para quem realmente tem chances de converter. Transpondo isso para o marketing de conteúdo, a lição que fica é muito clara. Defina suas personas e crie conteúdo específico para cada uma delas.

Políticos vão até de bairro em bairro ouvindo os problemas e o modo de pensar dos moradores para criar mensagens que falem exatamente do que os eleitores precisam. Então a primeira das cinco lições de marketing eleitoral é: conheça sua persona e entenda suas dores e desafios para criar conteúdo relevante para ela.

EXPLORE DIFERENTES CANAIS DE COMUNICAÇÃO

Como eu falei no início desse artigo, a internet mudou o jogo eleitoral. Hoje, além da televisão, do rádio e das mídias impressas, as campanhas políticas contam com grande investimento em redes sociais. Basta dar uma olhada no Facebook para ver vídeos de campanha rodando na timeline e adesivos de apoio a candidatos na foto de perfil de várias pessoas. Isso porque os marqueteiros eleitorais já sabem o que muitas empresas ignoram. É preciso diversificar os canais para alcançar as pessoas onde elas estão. Se sua persona está no Facebook e você não, você está jogando uma baita oportunidade de relacionamento no lixo!

E aqui eu ressalto: não é preciso estar em todos os canais. Às vezes um canal é o bastante. O que você precisa avaliar é em quais canais tem mais chance de obter resultado. Priorizar é fundamental porque a maior dificuldade de estar em vários canais é adequar sua proposta à linguagem da plataforma. Esse, inclusive, é um ponto onde muitos políticos erram e você pode aprender exatamente o que não fazer.

Todos os dias eu vejo político postando um conteúdo no Facebook e replicando no Instagram e no Twitter. Essa prática só serve para transformar um conteúdo bom em ruim (por estar na plataforma errada), e incomodar quem acompanha o candidato em todos os canais e vai ser obrigado a ver a mesma mensagem toda hora.

Outro erro muito comum no marketing eleitoral é que as assessorias pensam que precisam postar o dia todo, encher a timeline dos seguidores de fotos e textos e vídeos e memes. Vamos falar a verdade: nem se eles tivessem conteúdo relevante para postar o dia todo – o que, convenhamos, não é o caso – isso seria inteligente. Volume não é igual à qualidade, isso pode gerar impacto negativo e saturar a imagem do candidato. Portanto, a segunda dica desta lista de cinco lições de marketing eleitoral é: avaliar quais canais podem gerar mais resultados para sua empresa, defina uma estratégia e metas para cada um e invista, sempre lembrando de criar conteúdo único para cada canal. Mas ó: não fique contando apenas com as redes sociais. Coloque a equipe de vendas para trabalhar. Por mais que invistam em canais digitais, político nenhum abandona a prospecção ativa (quer prospecção mais ativa do que sair abordando pessoas na rua pedindo voto?). A melhor maneira de alcançar resultado é investindo nos dois.

NÃO FIQUE NAS PROMESSAS, MOSTRE RESULTADOS

Se tem uma coisa que ninguém aguenta em campanhas políticas é aquela enxurrada de promessas, concorda? Tudo parece muito subjetivo, ninguém mostra nada de concreto. Como eleitor, eu tenho certeza que você quer que os candidatos mostrem provas de que o que está sendo prometido pode ser cumprido. Do contrário, tudo que eles falam é considerado balela. Acontece que da mesma forma que é difícil ganhar uma eleição na lábia, é difícil fechar uma venda na base da promessa. Seus leads querem provas do que sua solução pode fazer por eles. Analise comigo: um político tentando reeleição sempre mostra o que já fez que deu certo, os resultados alcançados. Ou seja, mostra cases de sucesso. E mesmo aqueles que não tem muito o que apresentar porque estão na primeira candidatura (ou não fizeram nada mesmo né) mostram depoimentos de apoiadores e aliados.

Quanto político você já viu reforçando que é o candidato de fulano, que também é um político? Isso é endosso, usar da credibilidade de alguém que confia em você para aumentar a própria. Nesse caso, uma das melhores lições de marketing eleitoral que você pode aprender é: ao apresentar uma solução, mostre resultados. Aposte em cases de sucesso, depoimentos e no endosso. Sua comunicação será muito mais eficiente se você não apenas explicar o que sua solução pode fazer pelo lead, mas mostrar com dados reais o que ela está fazendo por outros clientes.

ABUSE DO STORYTELLING PARA CRIAR IDENTIFICAÇÃO

Como disse no tópico anterior, a melhor forma de convencer alguém é mostrando. Repare bem em como as propagandas retratam os candidatos. Se a intenção é mostrar o político como alguém acessível, o vídeo vai ter uma cena do candidato andando na rua, conversando com o povo. Se o candidato tem uma história de superação, o vídeo vai mostrar de onde ele veio e todos os desafios que passou para chegar onde está. Por trás disso tem uma mensagem muito maior do que construir a imagem do candidato.

Os marqueteiros querem que você se identifique com o ele. Afinal, ele é um cara comum, que anda na rua como você. E mais: ele teve uma origem humilde, mas não desistiu de tentar e continua trabalhando, como você... Ou seja, ele entende você. Isso é storytelling, construir histórias envolventes e significativas que criem identificação com o público. Quer um exemplo?
Um caso muito comentado aqui no Brasil foi o da polêmica eleição do comediante Tiririca como deputado federal. Independentemente do que você pensa disso, preste atenção. Percebe como o Tiririca veste a carapuça de palhaço mesmo quando fala de um assunto sério, como as eleições? Esse é o arquétipo do bobo da corte, muito usado em marcas jovens, que mesclam entretenimento e informação. O Tiririca faz deboche da política para mostrar ao eleitor mais irreverente e descrente que é igual a ele e não acredita nas instituições. E tanto funcionou que ele não apenas foi reeleito, mas conseguiu ser o segundo deputado mais votado em 2014. Então uma das mais eficazes lições de marketing eleitoral é: se você quer criar identificação com seu público, abuse do storytelling. Construa narrativas em torno da sua solução com as quais o cliente pode se identificar. Você pode, por exemplo, contar as dores que o levaram a criar essa solução. Certamente elas são as mesmas do seu lead.

Deixe Claro os Benefícios Que o Conteúdo Oferece

Me responda com sinceridade: quantos horários eleitorais você já assistiu? A maioria das pessoas que eu conheço nunca assistiu a um programa eleitoral inteiro. Elas acham uma grande perda de tempo. E, sinceramente, quem sou eu para julgá-las? Nós já temos resistência à propaganda tradicional, imagina à eleitoral! A audiência não torna ninguém melhor ou pior, apenas prova que a propaganda eleitoral oferece um conteúdo fraco. Mesmo quem considera importante ouvir o que os candidatos têm a dizer, sente que aquele conteúdo não tem valor nenhum, não ganhamos nenhum benefício consumindo. Ou seja, é um verdadeiro tanto faz como tanto fez. No começo desse artigo eu falei sobre criar conteúdo relevante para sua persona. Conteúdo relevante é aquele que vai solucionar um problema, ensinar algo, inspirar ou mesmo divertir. Assim como nós desligamos a TV quando começa o horário eleitoral porque o conteúdo é irrelevante, um prospecto pode fechar a janela do seu site se você não oferecer nada útil. Então, a última de cinco lições de marketing eleitoral é: Crie conteúdos que faça a diferença na vida do leitor oferecendo benefícios reais.

O Candidato Precisa

Ser Flexível

A característica principal de um líder de marketing é a flexibilidade. Esta não é glamorosa e nem sempre é reconhecida como virtude, mas nenhum líder tem sido um sucesso sem ela. Um líder tem de ser flexível o suficiente para ajustar a estratégia à situação e não vice-versa. A maioria dos pretensos líder de marketing faz exatamente o oposto. Todos começam com uma estratégia que funcionou no passado e depois analisam a situação. Com muita frequência fazem a situação ajustar-se à estratégia. Isso não é difícil de fazer, porque os fatos nunca são nítidos. Diz Clausewitz: "Uma grande parte da informação obtida na campanha é contraditória, e uma parte ainda maior é falsa, e a parte maior ainda é de caráter duvidoso".

No nevoeiro da campanha, é muito fácil aplicar a estratégia experimentada e verdadeira que funcionou no passado. Qualquer outra abordagem pareceria o máximo da falta de juízo para o líder de uma estratégia só, que usualmente acrescenta que vamos prosseguir com aquilo que sabemos que funcionará. Algumas vezes esta atitude é confundida com força. Ter coragem de suas convicções é uma observação típica. Uma atitude obstinada, inflexível, é sinal de fraqueza em um líder, nunca de força.

Muitas posturas sem sentido ocorrem atualmente em marketing. Um adversário corta um preço e a administração diz, eles sabem o que o seu serviço vale. Um colaborador sugere atacar o adversário e a administração diz, acreditamos na abordagem positiva, em vender nossos serviços por nossos méritos, não em denegrir os serviços de nossos adversários.

Um bom líder não tem vieses embutidos. Ele considerará seriamente todas as alternativas e escutará todos os pontos-de-vista antes de tomar uma decisão. É esta flexibilidade de mente que pode aterrorizar o campo do adversário. Este pode nem saber de onde virá o golpe, nem quando. É difícil defender-se contra aquilo para o que você não está preparado.

TER CORAGEM MENTAL

Nenhum assunto é mais discutido do que a questão de coragem. Com certeza um líder de marketing precisa de coragem. O que separa os bons líderes dos medíocres é o tipo de coragem. Um bom líder tem um suprimento ilimitado de coragem mental para enfrentar os superiores e seus associados que podem advogar uma abordagem diferente. Embora um bom líder de marketing tenha mentalidade aberta para escutar todos os pontos-de-vista, em algum momento do tempo ele terá de tomar uma decisão. É quando a mentalidade aberta se fecha e o líder mergulha fundo em seu íntimo para encontrar a força de vontade e a coragem mental para prevalecer.

Os tipos machistas são rápidos em defender as decisões tomadas no passado. Parecem ter um comprometimento emocional para com as decisões e estratégias do passado. Por sua natureza, os tipos machistas são atraídos para as causas perdidas. O último ato de coragem lhes parece ser morrer.

O tipo machista pode ser um bom líder, mesmo assim. Os líderes não são necessariamente bons estrategistas. Uma pessoa vã, impulsionada pelo ego, poderia ser a perfeita figura de proa para uma campanha que precisa mais de liderança do que de estratégia, uma equipe onde o moral baixou tanto que uma estratégia dirigida externamente não tem esperanças de sucesso. O que essa campanha precisa em primeiro lugar é de um líder internamente inspirado.

Se você é bom em agir como ator, pode ser tanto um bom líder como um bom estrategista. Patton costumava praticar seu rosto de campanha frente a um espelho. E Lee Iacocca incendiou suas tropas com estas linhas imortais: "Temos uma única ambição. Sermos os melhores. E isso é tudo!"

O fator moral é enfatizado por muitos consultores, os quais acreditam que o moral por si só pode criar vitórias de marketing. Não é verdade, embora o oposto o seja. Não há nada como uma vitória de marketing político para melhorar o moral dos times.

SER OUSADO

No transcurso dos anos os líderes têm elogiado a coragem física e a mental, distribuindo milhões de placas durante esse método. Mas a mesma coragem física que é decisiva para uma força combatente, não é um atributo primordial para o comandante. Um líder não é um soldado. Muitos líderes tentaram atuar dessa maneira e pagaram por sua ousadia em derrota nas urnas.

Em lugar da coragem física, os líderes de marketing precisam de ousadia. Quando a ocasião chega, eles precisam ser capazes de golpear rápida e decisivamente. Porém, com muita frequência, os líderes de marketing perdem o seu espírito de ousadia. A ousadia é um traço valioso quando a maré está com você. É quando a operação de marketing pode realmente beneficiar-se por ter um comandante que sabe para onde dirigi-la. Muitos líderes têm uma falta básica em sua natureza. Exibem coragem demais, quando as cartas estão contra. E excesso de cautela quando as cartas estão de seu lado.

Conhecer os Fatos

Assim existe a impressão de que na realidade você não precisa conhecer detalhe algum para criar uma estratégia-mestra. Em verdade, muitas vezes o especialista é tratado com um certo desdém nos escalões da cúpula da campanha. Qualquer pessoa que saiba demais sobre algum campo, não deve merecer a mesma confiança dos que têm uma perspectiva ampla.

A estratégia de marketing é fácil. Qualquer pessoa pode consegui-la. Todos os amigos e colaboradores de um segmento parecem sentir a necessidade de dizer como planejar as campanhas políticas e como dirigi-las.

"Na campanha tudo é muito simples", diz Clausewitz, "porém a coisa mais simples é difícil".

Um bom líder de marketing constrói a estratégia a partir do terreno, com os detalhes. Quando a estratégia está desenvolvida, será simples, mas não necessariamente a resposta óbvia.

Ter Sorte

A sorte desempenha um papel importante no desempenho de uma batalha de marketing. Depois de planejar, depois do ataque, você tem de estar preparado para a sorte das cartas. Com certeza, se você fez certo o seu trabalho, tem as chances do seu lado.

"Nenhuma outra atividade humana", diz Clausewitz, "é tão contínua ou universalmente ligada à chance. Mais de perto, a campanha lembra um jogo de cartas".

Quando a sorte acaba, você deveria estar preparado para cortar suas perdas. "A capitulação não é uma desgraça", diz Clausewitz. "Um líder não pode considerar a ideia de combater até o último homem, mais do que um bom jogador de xadrez jogaria uma partida evidentemente perdida."

Se Eisenhower pôde atirar a toalha no ring da Coréia, um bom líder de marketing deveria saber quando está na ocasião de parar. Não serve a qualquer propósito desperdiçar recursos para conservar os egos. É melhor admitir a derrota e passar para uma outra campanha de marketing. Há muitas mais batalhas a combater e muitas mais vitórias a conquistar.

DEVE CONHECER AS REGRAS

Para agir bem em qualquer jogo, primeiramente você tem de aprender as regras ou princípios que o regem. Em segundo lugar, você tem de esquecê-las. Isto é, tem de aprender a jogar sem pensar nas regras.

Esta é a regra, quer o jogo seja xadrez, golfe ou campanha de marketing. Atalhos não adiantam. Você deve começar por aprender as regras e depois praticá-las o suficiente para esquecê-las.

Um bom jogador de tênis não pensa em como segurar a raqueta ou das diferentes maneiras que pode impulsionar a bola para valorizar um ponto enquanto está jogando. Ele se concentra em jogar melhor que o oponente. Um futuro líder de marketing deveria aprender primeiramente os princípios da campanha de marketing e depois esquecê-los quando estiver no jogo. Os bons líderes devem conhecer as regras tão bem, a ponto de esquecê-las e concentrar-se nos oponentes. Assim como os hábitos, as regras são aprendidas para serem esquecidas.

Hoje, o problema com marketing não é apenas a falta de regras. O maior problema é a falha completa em compreender que, inicialmente, uma pessoa deveria ter regras. Para entender o problema, o pessoal de marketing precisa começar a examinar sistematicamente a história do marketing e formular os princípios estratégicos que regem os resultados das batalhas eleitorais. Hoje, nada é tão importante quanto a estratégia.

O Cabo Eleitoral

Fico a matutar sobre qual o tratamento daria os grandes escritores dos séculos XVIII e XIX a esta figura curiosa, cheia de nuanças e filigranas, denominada cabo eleitoral. Com que tintas Flaubert, Balzac, Dickens, Dostoievsky, Machado, Camilo e tantos outros criadores de personagens imortalizados pelo talento pintariam este tipo especial, de surgimento sazonal em tempo em que mais acesamente se disputa o poder. Sua conformação física e psicológica é variada. Veste-se de trajes ajustados às diversas situações a serem enfrentadas, enfim deve ser um camaleão em função das mutações ocorridas na disputa pelo voto local.

Sua presença é indispensável, sendo possível construir uma lei sobre política e seu fascinante jogo de que o cabo eleitoral é indispensável ao sistema democrático. Ele acaba se transformando em personagem central da disputa pelo voto, consciente ou não. Especialmente em regiões mais desvalidas e contaminadas pela corrupção, sobretudo em período difícil em que a verdadeira representação política foi substituída pela chamada representação de resultados.

O Aparecimento dos Cabos Eleitorais

Na época da República Velha, o Brasil tinha um sistema político pautado das práticas de coronelismo, onde os coronéis obrigavam os trabalhadores a votarem neles através do voto de cabresto. Com o fim desse sistema, as eleições começaram a ficar mais frequentes. Por volta de meados da década de 1940 surgiram os cabos eleitorais. O trabalho realizado era pautado na militância política. A aproximação dos cabos eleitorais com os eleitores acontecia, inicialmente, através do rádio ou pessoalmente.

Os cabos eleitorais são permanentemente um tratado de psicologia humana. Observá-los acaba sendo exercício curioso de identificar como as eleições servem para desnudar as virtudes e fraquezas da alma. Da mesma argila e do mesmo vaso em que todos são modelados, sê-los-ão ainda por muito tempo até que a escola da democracia consiga sua nunca alcançada perfeição. Hoje em dia, as ações são das mais variadas, e são aliadas ao plano de marketing eleitoral da campanha. E os contratados, que podem ser remuneradas ou de voluntários, nem sempre tem ligações com a militância do partido ou do candidato.

CABO ELEITORAL IDEOLÓGICO

O cabo eleitoral ideológico, com conversa empolada e carregada de frases de efeito, disposto a convencer o eleitor pela força de teses de natureza doutrinária, em que o mais forte viés é o aceno com a certeza de que o futuro será melhor e mais afortunado para os pobres e despossuídos.

Depois de tentar o eleitor com argumentos distantes do entendimento comum, retorna ao candidato de sua preferência para dar conta da missão diária de arrebanhar votos. Diante da resposta ouvida, "pois sim" querendo significar "pois não" e do "pois não", às vezes, querendo dizer "pois sim", ilude-se o cabo eleitoral ideológico muito mais com a ilusão de sua própria doutrinação do que com a certeza do voto tentado.

CABO ELEITORAL DE INTERESSE PESSOAL OU FAMILIAR

Este costuma ser eficiente se identificar no candidato que apoia qualquer possibilidade de êxito eleitoral. Sai a campo na busca do eleitor indefinido, gasta a sola do sapato em intermináveis caminhadas de casa em casa na busca do voto, intercaladas com visitas ao candidato, a fim de sussurrar-lhe ao ouvido não esquecer de seus pedidos.

CABO ELEITORAL RELIGIOSO

O cabo eleitoral ligado a alguma igreja, seja ela católica, evangélica, budista, espírita ou esotérica. Este é um cabo eleitoral que vem ganhando força e prestígio pelo exemplo abundante encontrado nas pregações expostas em cultos, rádios e televisões. Brandindo nas mãos o evangelho ou outro alfarrábio com doutrinas de acordo com sua crença, manifesta ao eleitor a ser cativado a certeza de que seu candidato poderá oferecer-lhe muito mais do que supõe sua vã filosofia. Às vezes, exagera na promessa de salvação da alma. Os mais abusados e oportunistas terminam o processo de conquista com algum pedido de gratificação para a edificação material destinada a acolher filiados ao seu credo.

O CABO ELEITORAL SOCIAL

É um tipo curioso de cabo eleitoral, este talvez o mais nobre deles, o que durante toda a vida marcou sua presença pela ajuda desinteressada aos mais pobres e flagelados. Via de regra é humilde, fala mansamente, raramente opina em matérias diferentes daquelas de seu trato diário, enfim, é o mais eficiente perante as camadas mais humildes da população.

Conquistar os Votos dos Eleitores

É uma tarefa, na grande maioria das vezes, bem complicada. Por esse motivo, contar com a ajuda de outras pessoas para angariar os números que um candidato necessita é primordial em todo esse processo. As atividades realizadas por cabos eleitorais se encaixam. Esses profissionais estão na linha de frente da disputa de uma eleição. Dispor desses parceiros em sua campanha faz toda a diferença.

As Funções dos Cabos Eleitorais

Os cabos eleitorais são pessoas que trabalham para um candidato a um cargo público eletivo. É um cargo voltado para o processo eleitoral, de seu início e seu enceramento se dá juntamente com o fim da disputa pelos votos, no dia da eleição. A função dessas pessoas é ser um intermediário entre a população e o candidato. A ideia é que eles sejam disseminadores das ideias do aspirante ao cargo político, apresentando suas propostas e criando uma ponte entre esses dois sujeitos agentes da eleição. Tudo isso culminando na conquista de votos para o candidato. Os cabos eleitorais, para conseguir estreitar esses laços e angariar eleitores, executam algumas atividades previstas no plano de marketing de campanha de um candidato. Veremos agora algumas delas.

BANDEIRAÇO

Para que o candidato e seu número de legenda sejam lembrados é necessário que eles sejam vistos. Engajar a população no objetivo de ser eleito, pressupõe levar a ela o conhecimento de sua campanha e, por isso, você deve estar aonde essas pessoas estão.

Estar na rua é uma boa estratégia para disseminar informações sobre o candidato no lugar certo, já que a maior parte da sua população eleitoral transita por esses lugares. Você pode fazer isso através de um de bandeiraço, uma ação em que os cabos eleitorais vão para os pontos mais movimentados da cidade e balançam as bandeiras com os dados importantes para o momento da urna, como nome, partido e número. A empolgação das equipes é fundamental, porque o entusiasmo deles pode fazer com que o eleitor também se afeiçoe ao candidato.

PANFLETAGEM

O corpo a corpo com eleitor é de extrema importância! Como nem sempre é possível que o próprio candidato realize essa ação mais diretamente com muitas pessoas, os cabos eleitorais se tornam o seu representante.

Essa também é uma ação que acontece nas ruas, nos lugares onde os seus possíveis eleitores irão transitar. Só que dessa vez o contato com o público é mais direto. A entrega de santinhos é fundamental para a estratégia de marketing eleitoral, e é uma prática adotada por quase todos os candidatos, desde os que possuem mais recursos para investir até os que não tem tanta verba para confecção de material de campanha.

Como essa prática é realizada em massa no processo eleitoral é bom que você faça com que a sua seja diferenciada. Os santinhos precisam ser bem feitos, com um design bem elaborado, capazes de transmitir as informações que seu eleitor precisa saber de forma clara. Para além disso, os cabos eleitorais devem estar bem treinados para que façam uma abordagem do eleitor de forma a conquistá-lo. Saber transmitir tudo que é necessário para tornar o candidato conhecido ao ouvinte e ainda assim não ser invasivo é uma tarefa complexa que precisa ser bem realizada para que não surta um efeito contrário.

Visitas e Bate-Papos Mais Intensos

As outras ações que foram apresentadas anteriormente neste livro possuem uma profundidade de interação menor do que essa que iremos apresentar agora. Os cabos eleitorais precisam fazer um investimento real em propagar as ideias de seu candidato ao cargo político. Para isso, hastear bandeiras, entregar panfletos parece não ser suficiente. Essas ações são eficientes para tornar o candidato conhecido, funcionam como um primeiro passo, mas essa relação precisa ser mais estreitada.

Colocar os cabos eleitorais em atividade de contato mais direto e longo com a população dá mais oportunidade para que eles consigam esclarecer todas as dúvidas que o eleitor possa vir a ter. É o momento em que ele vai conseguir salientar as diferenças do candidato que ele defende em relação aos outros, e fazer com que seus ouvintes também criem laços afetivos com ele.

Você pode inserir seus cabos eleitorais em diversas outras atividades de campanha, como em eventos, carreatas, caminhadas etc. Existem muitas formas de usar os serviços desses profissionais que podem ser peças chave na eleição. Os cabos eleitorais são instrumentos que podem fazer toda a diferença em uma campanha, para o bem ou para o mal. Eles devem estar inseridos no processo eleitoral para que tudo dê certo.

Os Santinhos Digitais

São uma forma muito interessante e importante de divulgação, mas é possível utilizá-los sem colaborar com a sujeira e poluição das ruas. Esse tipo de prática, de lotar o eleitor de peças gráficas sem necessidade se torna cada vez mais antiquada e principalmente mal vista pelas pessoas. Por outro lado, candidatos que se mostram preocupados com o meio ambiente costumam gerar muito mais simpatia, já que esse assunto está cada vez mais presente nas nossas vidas.

Os Velhos Santinhos Ainda Fazem Milagre

Facebook, Instagram, Twitter, E-mails, WhatsApp... As oportunidades são imensas e a campanha eleitoral está cada vez mais no mundo virtual, visto pelos candidatos como uma forma de atingir mais gente e baratear custos. Mas na corrida para ser notado e garantir o voto, os velhos santinhos de papel, entregues pessoalmente, ainda persistem e devem representar boa parte do investimento dos que tentam vagas.

A aposta na entrega do material pelos panfleteiros é, para os políticos, uma forma de ganhar mais empatia do eleitor, por causa do contato direto. O papel, usado ainda para as chamadas colinhas com os números dos candidatos, também têm trânsito livre nas cabines de votação, onde é proibido entrar com celulares.

Os candidatos agora só falam em usar a rede social, mas os santinhos e as colinhas continuam sendo essenciais para marcar território e para o eleitor botar no bolso. Os impressos até diminuíram de tamanho, mas continuam sendo uma das principais apostas, até porque, foi uma das poucas formas de propaganda que continuaram permitidas, depois que as recentes minirreformas foram restringindo materiais como outdoors, cartazes e cavaletes etc.

Os santinhos vêm diminuindo gradativamente por causa das redes sociais. Os candidatos vão investir mais no virtual do que no papel, mas não deixaram de ter. Vamos ter uma superposição dos dois tipos de campanha pelo menos até que tenha a medida de que tipo de propaganda atinge mais o eleitor. O santinho você leva na mão da pessoa, existe a empatia do olho no olho com seu cabo eleitoral. É uma boa parte da campanha, mas tem que acabar no futuro, quando descobrirmos uma forma de falar digitalmente sem encher o saco do eleitor. Com as novas tecnologias, outras coisas terão mais protagonismo e o santinho deve diminuir com o próprio encolhimento do período eleitoral, mas vai continuar existindo por enquanto.

A Campanha Sustentável

Para grande parte do eleitorado, campanha eleitoral é sinônimo de sujeira e bagunça nas ruas. Isso muito devido ao fato de vários candidatos extrapolarem na distribuição de peças impressas, não tendo o menor cuidado em descartar esse tipo de material quando a campanha chega ao fim. Essa imensa quantidade de papel acaba indo para as ruas. Você pode evitar que o destino dos santinhos seja o chão das ruas. Disponibilize uma boa quantidade de lixeiras no local da distribuição. Mais do que uma estratégia para inovar em campanha eleitoral, essa é uma excelente ação de conscientização ecológica. Outra forma de reduzir o impacto ambiental da campanha é produzir as peças gráficas, principalmente as de maior circulação, com papéis reciclados.

Aplicativo para Campanha Eleitoral

Outra maneira de reduzir drasticamente o uso de papel na sua campanha é utilizando um software de gestão. Com a adoção de um sistema em um gabinete eleitoral, toda a equipe consegue eliminar o uso de agendas físicas para a organização de compromissos e cadastro de contatos. Tudo isso e muito mais pode ser estruturado dentro da própria plataforma, podendo ser sincronizado e integrado em diversos aparelhos. O sistema também gera gráficos e relatórios variados de maneira totalmente digital. Imprima apenas o essencial e tenha um gabinete sustentável. Os aplicativos são uma realidade de nossa época, e essas ferramentas digitais têm ajudado na vida de vários indivíduos, seja na área pessoal ou profissional, e na política não é diferente. A combinação de uma campanha real, nas ruas, somado a um aplicativo é determinante para uma campanha eleitoral inovadora.

O JINGLE POLÍTICO

Jingle termo inglês cujo significado refere-se à música composta para promover o candidato ou marca. Jingle também é o ato de fazer algo tilintar ou soar. Por exemplo, o tilintar das chaves seria dito em inglês Jingle of Keys. Esse tilintar muitas vezes é o som que resulta do choque entre dois metais. O jingle é frequentemente descrito como o som de sinos, como está descrito na famosa música natalícia conhecida como Jingle Bells.

O jingle político é criado para cativar o público. Geralmente tem letras e melodias simples para que sejam facilmente memorizadas e inconscientemente recordadas por quem as ouve. Os jingles são geralmente curtos e próprio para ser lembrado e cantarolado com facilidade nos carros de som.

A palavra bastante usada hoje em dia, mas, poucas pessoas sabem para que serve realmente. Um Jingle é uma forma de publicidade, que se vale de forma musical para comunicar as qualidades do candidato. É bastante utilizado no marketing político devido ao fato de ser muito bem recebida pelos eleitores. Claro há casos em que não são tão bem aceitas assim.

Há Jingles muito famosos e que fizeram muito sucesso na história da publicidade, isso porque são mais alegres e irreverentes que os comerciais sem música. O Jingle pode ser totalmente original, ou seja, a melodia composta especialmente para ele ou pode ser uma parodia musical de algum sucesso do momento.

Quem pensa que é fácil produzir um Jingle está muito enganado, pois, um bom Jingle será agradável e deve passar mensagens especificas sobre os candidatos. Há profissionais que dedicam somente a este ramo de produção de Jingles para os candidatos. Agora está na moda ter um bom Jingle para os candidatos, é um sinal de simpatia que ele pode trazer. Muitas agências de publicidade já trabalham com essa possibilidade de propaganda.

METODOLOGIA

Primeiramente, analisamos o gênero identificando as condições de produção e circulação do gênero e em seguida, exploramos seu conteúdo temático, estilo e estrutura composicional. Dentro da sua composição, houve a abordagem do plano de expressão musical em simultaneidade com o plano verbal a fim de tentar explorar os recursos persuasivos emergidos do gênero.

Mais do que músicas com letras fáceis e pegajosas, os ritmos que embalam as campanhas eleitorais são e grudam na cabeça das pessoas são verdadeiras armas usadas pelos candidatos para se aproximar do eleitor. Para atrair a atenção do eleitorado, a música precisa ter boa melodia e trazer a essência de cada político.

O processo de criação dos jingles envolve diretamente o candidato e a coordenação da campanha, que precisa passar aos produtores um resumo das ideias e o perfil dos candidatos. Depois, tem que ser escolhido o ritmo da música, que também deve estar de acordo com a imagem do político.

Estima-se que um jingle bem feito pode representar grande influência de uma campanha na decisão dos eleitores. Muitas vezes, o candidato ganha não é nem pela proposta, da campanha, mas por um jingle bonito, que a pessoa se identificou.

SLOGAN DE CAMPANHA ELEITORAL

A importância de um slogan de campanha eleitoral é a mesma observada no universo da publicidade. Uma boa estrofe é fundamental para a construção da imagem do candidato é, sim, uma marca que deve convencer e conquistar o seu eleitor. Nesta estratégia de marketing eleitoral, são expostas as ideias políticas do candidato.

O objetivo o foco é o voto. Mas, afinal, o que é um slogan? Trata-se de uma frase curta e de fácil memorização, utilizada com frequência em campanhas publicitárias com o intuito de fixar um conceito ou uma mensagem na mente do eleitor. Ele pode trazer as características do serviço, seus benefícios, uma emoção ou até mesmo funcionar como grito de guerra. Tudo depende da estratégia e da pretensão.

Em uma campanha política, o slogan é de extrema importância para passar uma forma simples e rápida e a principal mensagem do candidato. Na maioria das vezes, ele traz o maior objetivo do mandato: transformação, trabalho em equipe, cuidado com a população, avanço, entre outros.

Parece fácil, mas é um grande desafio colocar toda uma ideia em pouquíssimas palavras e de forma acessível a um eleitorado bastante variado. Além disso, é preciso que o slogan tenha uma boa sonoridade para ser fixado e transformado em outras peças da campanha eleitoral, como jingles e trilhas para vídeos, por exemplo.

MEMORIZAR É FUNDAMENTAL

Você sabe que um slogan funcionou quando ele é rapidamente decorado e, sem querer, você já está repetindo seus dizeres por aí. Em campanhas políticas, uma estrofe de sucesso funciona como parte da assinatura do candidato, quase como um sobrenome. Veja, por exemplo, o que Juscelino Kubitschek (Presidente da República entre os anos 50 e 60) usou: JK, 50 anos em 5. Até mesmo quem não viveu nessa época conhece a meta do milagre econômico, estipulada para fazer o Brasil ter um avanço correspondente a 50 anos em apenas 5 de governo.

Escolha Palavras Simples e Faça uma Frase Pequena

Os termos utilizados devem ser entendidos por todos. Afinal, há eleitores de diferentes idades e níveis de instrução e o voto de todos precisa ser conquistado. Uma mensagem muito complexa pode não conversar com pessoas menos instruídas, enquanto uma simples demais pode afastar uma parcela mais exigente do eleitorado.

Experimente a Rima

A rima é reconhecida na língua portuguesa pela capacidade de reforçar a sonoridade e a lembrança. Exemplos disso são as músicas, que, rimando as estrofes, grudam na mente das pessoas. Aposte no bom humor (se combinar com o seu perfil). Alguns candidatos fazem sucesso quando usam o bom humor e são sinceros demais ou até debocham do atual cenário político, prometendo mudanças. Um caso recente é o do ex-palhaço Tiririca, hoje deputado federal em seu segundo mandato, que se elegeu com o slogan "Vote Tiririca, pior que tá não fica!".

Uma das melhores formas de se aproximar dos eleitores é por meio do sentimento e da capacidade de se colocar no lugar do outro, a chamada empatia. O político utiliza essa estratégia de relacionamento constantemente, indo até seu colégio eleitoral para vivenciar o dia a dia dos eleitores, comendo em seus restaurantes, participando de festas populares ou utilizando o transporte público. Esse tipo de ação de marketing eleitoral permite que o candidato conheça melhor a realidade da região onde ele atuará e também o aproxima, como pessoa, da população. Ele se mostra disposto a escutar, demonstra interesse e se solidariza com os problemas.

Um slogan de campanha que segue essa linha reforça a ideia de que o candidato está no mesmo barco de seus eleitores e quer, junto com eles, transformar a cidade, estado ou País (o estado ou o país, dependendo do cargo almejado).

Quem fez isso muito bem foi o candidato à presidência Luiz Inácio Lula da Silva, que, durante muito tempo, teve a frase "Trabalhador vota em trabalhador" como slogan. Não há identificação maior para conquistar o proletariado.

Outro grande exemplo que merece ser citado sobre o poder do apelo emocional não é de nenhum candidato político, mas do ativista Martin Luther King. O simples dizer "I have a dream" ou "Eu tenho um sonho", em um discurso sobre o desejo de unir brancos e negros, comoveu milhões de pessoas em todo o mundo e, certamente, iria angariar votos mais do que suficientes em uma eleição.

O slogan de campanha eleitoral perfeito traduz as necessidades e expressa os desejos da população. Mas, para que ele cumpra essa função, é preciso saber o que os eleitores realmente querem e do que precisam. Para isso, deve-se fazer, antes de tudo, um trabalho de pesquisa em seu colégio eleitoral. Descubra os anseios de seus eleitores, seus medos, as maiores urgências do município e também a opinião deles sobre você: eles o conhecem o suficiente? Têm uma imagem positiva sobre sua vida pública e privada? Conhecem a verdade ou acreditam em boatos? E quais boatos seriam esses?

Uma pesquisa aprofundada e sincera define quais estratégias devem ser aplicadas não apenas para a criação do slogan eleitoral, mas para o sucesso de toda a campanha. Afinal, é preciso lembrar que a estrofe da campanha eleitoral é muito importante e atua como o seu pontapé inicial na comunicação com o eleitor, mas é apenas o primeiro passo de todo um trabalho estratégico a ser realizado durante meses. Para alcançar a vitória, é fundamental ter planejamento estratégico e conhecimento em marketing político digital e mídias sociais. Além disso, é essencial saber acompanhar os resultados de suas ações dia após dia.

VÍDEOS NAS CAMPANHAS POLÍTICAS

O poder de comunicação política aumenta exponencialmente quando se utiliza o vídeo na comunicação dos políticos que almejam ganhar a atenção e o voto do eleitor, por isso é importante. O vídeo serve tanto para a comunicação de políticos que estão no cargo, como para campanhas eleitorais, pois ele é a maneira mais direta, segura e moderna de garantir que sua mensagem chegará ao seu eleitor sem distorções e com toda a força da voz e da imagem do candidato. O candidato pode fazer vídeos apresentando sua candidatura, seu perfil, suas ideias e propostas e o que mais precisar.

Venho falando bastante da importância do YouTube numa estratégia de marketing digital político e eleitoral com a utilização de vídeos. Afinal, trata-se do segundo maior buscador do mundo, uma plataforma com toneladas de acessos diários que podem ajudar muito a alavancar sua campanha eleitoral. Seria um desperdício para a sua campanha deletar essa opção de sua lista de formas de adquirir mais eleitores. Formidável, você pode dizer, mas como começar a me beneficiar dele e elevar meus votos na internet.

SEIS PRINCÍPIOS PARA GRAVAR NO YOUTUBE

Antes de começarmos, algumas observações são muito importantes para a hora de criar o conteúdo dos vídeos. Comece a fazer anotações, porque estes pontos poderão te salvar de errar feio na hora de definir como gravar vídeos para YouTube.

SEJA FIRME

Não importa qual o conteúdo do seu vídeo, você não pode mostrar que tem dúvida sobre as informações que estão sendo passadas. Então nada de gaguejar ou de dizer eu acho. Garanta que as informações estão corretas e busque comprovações no que você está dizendo. Também é importante que você tenha uma certa formalidade na hora de passar o seu conteúdo. Não estou dizendo para falar como um acadêmico, mas é bom evite gírias, regionalismos e vocabulários que possam ter uma má recepção por parte do seu eleitor.

Atenda a Necessidade do Eleitor

Seja apenas para tirar uma dúvida, ou para ensinar algo, você precisa trazer um começo, um meio e um fim. Inicie o seu vídeo com as dúvidas que seu eleitor pode ter sobre o tema. Durante o conteúdo mostre formas de solucionar o problema e finalize com uma conclusão com o problema resolvido. Terminar um vídeo sem o problema solucionado é uma forma certeira de torná-lo um desastre. Por isso tenha sempre em mente as dores que seu eleitor enfrenta. Assim você vai conseguir tocar no ponto e oferecer uma possível solução para ele.

O seu Conteúdo é para o seu Eleitor

Sim, mas uma dica que foca no eleitor. Está certo que você tem que fazer o que gosta, mas lembre-se que sem sua audiência não será possível alcançar seus objetivos como candidato.
É importante pensar se sua audiência vai gostar ou não do conteúdo. Conforme você for lançando vídeos no YouTube, terá uma noção melhor do que o seu público gosta e ao mesmo tempo do que atrai mais eleitores. Fique sempre atento aos feedbacks que irá receber.

Crie Sonhos

Para conseguir converter o seu vídeo em votos, é importante que você crie sonhos no seu eleitor. Além de dar a solução que ele precisa, mostre que aquela solução é a melhor forma para conseguir uma sociedade melhor.

Use Depoimentos

Uma das formas mais poderosas de ganhar votos é mostrar que suas propostas são úteis, ou seja, que resolve os problemas. Se votar em você é a solução de outras pessoas, porque não seria para o novo eleitor. Você pode colocar depoimentos de gente satisfeita nos próprios vídeos ou pedir para que coloquem nos comentários. Em qualquer uma das duas opções, o importante é mostrar que o que você é o melhor candidato.

Tenha Intimidade com seu Eleitor

Se for fazer um vídeo em que você simplesmente lance monte propostas e valores para o seu eleitor, visando apenas alcançar os seus objetivos, posso dizer que essa é a pior maneira de criar conteúdo. As pessoas não estão procurando um vendedor, mas um amigo, um candidato, uma influência, uma autoridade que a ajude a resolver os problemas delas. Por isso você deve criar uma conexão com o seu eleitor para que o momento do voto seja natural e impulsione a eleitor a votar. A configuração de colocar os princípios, você já estará pronto para criar um conteúdo de qualidade, com maior probabilidade de conversão. Mas não pense que acabou, pois o enigma está só começando.

Ainda falta tratarmos dos detalhes técnicos da própria gravação, que são muitos e só compete a profissionais, pois necessitam equipamentos ou mesmo celulares mais poderosos.

O AUTOR

Roberto Pires de Rodrigues, nasceu em Canoas – RS, formado em Administração pela Universidade Luterana do Brasil e especialista em Master Business Administration em Gestão Estratégica e Inovação pela Universidade La Salle. Consultor de Marketing Digital, Professor, Palestrante e Diretor Executivo da Empreendedor no Futuro, empresa de Consultoria, especializada em Design Thinking, Estratégias inovadoras como Growth Hacking, Business Model Canvas, Benchmarking, Análise SWOT, Mapa de Empatia, Inovação Radical, Business Intelligence (Inteligência de Negócios), Objetivos e Resultados Chave (OKR).

Livros Publicados

Contatos com o Autor

 robertopiresderodrigues@gmail.um

 (51) 99963-8473

 https://www.facebook.com/roberto.piresderodrigues

 https://twitter.com/RobertoPiresdeR

 https://www.instagram.com/pires6417

 https://www.linkedin.com/in/roberto-pires-de-rodrigues

BIBLIOGRAFIA

Aron, R. (1986). *Pensar a Guerra, Clausewitz: a era planetáriao* . Brasilia: Editora Universidade de Brasília.

Brown, T. (2017). *Design Thinking.* Rio de Janeiro: Alfa Books Editora.

Clausewitz, C. V. (1984). On War. *Princeton University Press*.

Ellis, S. (2018). *Hacking Growth.* Alfa Books.

Giraldo, V. (08 de 06 de 2020). *https://rockcontent.com/blog/growth-hacking/*.

Patel, N. (2020). *Blog » Mapa de Empatia: O Que É e Como Criar um em 8 Passos* . Fonte: Nell Patell.

Ries, A. (1986). *Marketing de Guerra.* São Paulo: McGraw-Hill.

Tzu, S. (s.d.). *A Arte da Guerra.* Dominio Público.

www.ingramcontent.com/pod-product-compliance
Lightning Source LLC
Chambersburg PA
CBHW031233250726
48655CB00005B/1933